うまく「雑談できる人」と「できない人」の習慣

The Power of Habits
Can Change Everything.

The Art That Makes Socializing Easier.
-50 Psychology-Based Habits-

YOSHINORI
MATSUHASHI
松橋良紀

はじめに

「失敗恐怖社会」

現代の日本を例えると、こんな一言になるかもしれません。

もともと恥の意識が強いと言われるのが日本人です。それが、SNSの進化もあり、もはや失敗を極端に怖れる社会＝「失敗恐怖社会」と呼ぶべき状態になってきています。

高校生の子どもを持つ母親からこんな相談を受けました。

「高校生の男の子がいます。なんでも相談してくるのでけっこう大変でして」

「どんなことを相談されるのでしょう?」

「恋愛の話や、性的な話なども相談してくるので、対応に悩んでます」

「えー! そうなんですね! 私の高校時代なら、親には絶対相談はせず、友だちにしか話さない内容ですね! 母親に全部しゃべっちゃうって驚きです」

すると、

「うかつに友だちに悩みを相談すると、あっという間に仲間内のSNSで広がってしまうらしいんです。だから親にしか言えないと言っていました」

びっくりしました。現代は、友だちに相談できないのか。そもそも悩みを相談できない相手を果たして友だちと言えるか。

背景をきくと、問題の息子さんが高校生になった頃は、リアルの授業がなくてオンラインの授業ばかり。そこではおそらく雑談が足りていなかったのです。雑談がなければ、本音を相談できるような友人関係も築けないでしょう。

オンラインのつながりが中心だと、失敗を怖れて発言をしない人が増えるのも当然でしょう。社会的にも、昔に比べたらリスクが大きいので、人間関係で失敗しないように緊張している人も多くなっているのです。

まさに失敗恐怖社会です。

雑談の重要性が、私の想像以上にますます高まっているとも感じました。

安心できる関係を築くには雑談が不可欠です。ちょっとした雑談で相手の価値観を知り人柄を知ることで、本音を伝えていい相手、悩みを打ち明けていい相手だとわかります。

雑談が苦手な人は、

「素のままの自分をさらけ出すのは恥だ。さらけだしたら嫌われる」という思い込みを持つ人が多いです。この「恥」を乗り越えることが、不可欠です。


悩みを聞く仕事を始めて間もない頃に、お医者さんから相談されました。

「昼休みの休憩室で、同僚たちはみんなで楽しそうに雑談しているんですが、どうもその輪の中に入れないんですよ。何を話したらいいのかわからなくて」

「今まで改善のためにどんなことをされましたか？」

「雑談の本はいろいろ読んでみましたが、いまいち成果を感じられなくて」


その後、開業した税理士の研修を1年間行ったときも、

「仕事の話ならいくらでもできるが、雑談となると難しい」

という方が多く、知性や能力の高さと雑談力は比例しないのだとわかりました。

総務省の統計によるとコミュニケーションが苦手だと感じている方は7割くらいだそう

です。単純にスキルを知らないだけで、苦手な人も多いです。ただし、スキルのほかに大事なことがあります。

●恥を乗り越える

雑談が苦手な人は傷つくのを怖れて、自分を閉ざしている人が少なくありません。その代償はとても大きいです。深い信頼関係が築けないと薄いつながりの人間関係になりがちです。

自分が恥だと思っていることを、外に対して口をつぐめばつぐむほど、恥は心の中で膨らんでいきます。

「人生を豊かにする方法をひとつだけ紹介してくれ」と問われたら、「自分の心の闇にある恥と向き合い、恥をさらすことです」だと思います。

間違える不安。

見くびられる不安。

自分は劣っているという不安。

このような不安を抱えていることを恥だと思っている人は多いです。輝いている他の人を見ていると、そんな不安を持っていることなど、微塵も感じないかもしれません。ですが、強そうに見える人も、不安と闘っています。

恥に対して挑戦していくことが雑談上手への一歩です。失敗しないし、ミスをしない。つまり恥をかかないという完璧主義を目指すのは、他人からの称賛を追求する人生になります。しかし無理をして別人になる必要はなく、ありのままの自分でいるために、この本は役に立つでしょう。

本書では、仕事での成功はもちろん、パートナーシップの関係構築や、人生をよりよく生きて抜いていくためのスキルをまとめました。雑談をうまく使いこなすためには、間の取り方、声のテンポなど、会話の空気をコントロールするスキルがとても大切です。文章だけではお伝えしづらい部分については、読者さま特典としてレクチャー動画も用意しました。

①雑談の達人になるための３つの方法
②年齢差がある人との雑談術
③年収を３倍に増やす雑談営業術
④パートナーシップを豊かにする雑談術
⑤異性を惹きつける雑談術

これら５つの動画は、巻末のページからＱＲコードでダウンロードができます。ご覧いただくと、より一層、この本のテクニックに対しての理解が進むと思います。

本書を読むことであなたが自分らしさを取り戻し、人生の主導権を他人から自分に引き戻し、本来のあなたになることを願っています。

目次

第3章　ネタがなくても話が弾む「リアクション」編

第4章 信頼される「話し方」編

第5章 雑談上手の「マインド」編

第1章

心をつかむ
「雑談のはじめ方」編

01

うまく雑談できる人は質問をし、できない人は「さっそくですが」と言う。

ピンポーン。

「はじめまして。10時のお約束で参りました、○○会社の松橋と申します」

「はーい、今あけます」

個人宅に訪問する営業になって3年目。

インターホンを押すとお客様がドアを開き、玄関に入ったら名刺を差し出しながら自己紹介。

「今回はお約束をいただきありがとうございます。○○会社の松橋と申します。よろしくお願いします」

ここから廊下を通り、居間へ案内されますが、その間は無言です。

居間に通されたら、大きなバッグの中から資料を取り出し、テーブルに広げます。

「ではさっそくですが、我が社のご案内をさせていただきます」

そこからはひたすら営業トークを1時間ほど繰り広げます。

そしてほとんどは契約には至らず、帰り道で
「営業の仕事は自分に向かないよな」

はい、今思えば、雑談を一言もせず、売り込みだけ懸命にしている人が売れるはずもありませんでした。


そんなとき、友人から「心理療法の講座を受けるんだけど、修了したらカウンセラーになれるんだって。一緒に行かない？」

どうやら日本に入ってきたばかりのＮＬＰという心理学を使った心理療法のようです。

「今の仕事には希望が持てないし、カウンセラーの資格が手に入るなら、それもいいかも」と思い切って通うことにしました。


講座では、心理の先生が、クライアントと初めて面談をするときの見本を見せてくれたのですが、それには驚きました。

たいした自己紹介もせず、すぐに雑談に入るのです。私は毎日、雑談もせずに会社や自分の紹介を5分くらいはやっているのに。

しかもその雑談は、**すべて質問形式**でした。

「今日は暑いですね〜。エアコンの温度はいかがですか？」

「この場所、すぐにわかりましたか？」

「ちょっと駅から遠いので迷いませんでしたか？」

などなどいろいろと質問をして、自分はたいしてしゃべらず、ほとんどはクライアント役がしゃべります。

数分間の雑談のあとに「今日はどんなことをすっきりさせたいですか？」と本題に入りました。

カウンセラーの先生は、充分な雑談をしてリラックスしてもらってから本題に入っていました。

しかも、自分の名前を名乗ったあとは、ずっと質問です。

カウンセラーの先生が話す時間は1割もなく、クライアントが9割以上話しています。

質問をしてしゃべらせる。

それに対して大きめにうなずく。

オウム返しや驚きのリアクションをする。

それをみて、クライアント役はまた何か話したくなる。

このようなやりとりをしながら、信頼関係を築いていました。

衝撃でした！

自分の話を一切しないのです。私はといえば、雑談もせず、自己紹介と会社紹介あたりから、ひたすら弾丸トークでしたから。

自分のアピールをすることで信頼関係を築くものだと思っていた私には、驚きの光景でした。

そして雑談がいかに大事かを知った日でもありました。

01
コミュニケーションの達人ほど雑談を重要視する！

02

うまく雑談できる人は名刺を話題にし、できない人は「最近のニュースで」と言う。

「異業種交流会とかは苦手です。知らない人と雑談するなんて特に苦手です」

「何を話したらいいかわからないんです」

そんな方に特効薬を処方しましょう。

あるとき、人脈王と言われる人に誘われて、交流会に行ったときのことです。

「人脈王の彼は、どうやって人脈をつくっているんだろう？」

「どうやって自分の顔を売り込んでいるんだろう？」

興味津々で、彼にひっつきまわっていたら意外でした。押しが強いわけでもなく、話題を繰り広げるわけでもなく、自分のすごさをアピールするのでもありませんでした。でも毎回、場を盛り上げているのです。

彼にたずねました。

「すぐに打ち解けていくので神業を見ているようですよ。話を盛り上げるコツはなんなのでしょうか？」

すると、

「見えているものを片っ端から話題にすればいいんだよ。

今の場合なら、名刺を受け取ったら、**名刺の情報を徹底的に話題にしている**だけだよ」

なるほど、見ていると手順は毎回同じでした。


名刺を交換したら、まずは相手のお名前を話題にしていました。

ほぼ全員に「いいお名前ですね」とおっしゃっていました。その理由も付け加えます。

相手が佐藤和男さんだとしたら、

「さとう、かずおさんとお読みするんですね？」

読み方を必ず確認します。

そして、「いいお名前ですね！」

（え？　日本で何百人もいそうだけど、どうほめるんだろう？）

すると、

「日本で何番目かに有名な名字ですし、和男さんというお名前が、頼りがいがありそうな佐藤さんとぴったり一致していますね」

おー、なるほど。


次に会社名を確認して、仕事の話へ。

「ところで、経理部とのことですが、経理の仕事って、常に緊張感がありそうですね」

すると、質問がハマったみたいでテンションが上がります。

「そうなんですよ。数字が合うまで大変ですよ。でも数字が合った時の快感も大きいですよ」

仕事のことを語り始めると、多くの人が饒舌になります。隣でみていると、相手の方のボルテージがどんどん上がっていきます。質問の技術が高いからこそですね。

人脈王は名刺交換をしてから3分経っても、自分のアピールをしていません。熱心に相手の話を聞き始めて5~6分。すると、相手がハッと気づいたように、質問をし始めます。

「私ばかり話してしまってすみません！　あなたはどんなお仕事をしているんですか？」

その質問で、ようやく人脈王は自分の紹介をし始めました。

場をつなぐために「最近こんなニュースがありましたよね？　ご存知ですか？」などと、スポーツや芸能のニュースなどを話す人は多いです。その場から遠い世界の話をすることで、相手に深く入りこまないように配慮しているとも言えます。

しかし残念ながら、**安全領域にいる限り、人と深い関係を築けることはありません。**

勇気を出して、相手の名刺を元に、さまざまな情報を引き出していきましょう。

最近は名刺を持たず、ＳＮＳで繋がる人も多いです。その場で**ＳＮＳを開いて相手のプロフィール情報を元に、話を広げていく**のもいいでしょう。

ニュースなど遠い世界の話をするのではなく、目の前の相手を話題にするのが雑談の基本です。

02 ニュースではなく名刺やＳＮＳに書いている相手の情報を元に、相手の話題に集中しよう！

03

うまく雑談できる人は「○○さん」と名前を呼び、できない人は「お客様は」と言う。

自己啓発の代表的な本と言えば、デール・カーネギーの名著の『人を動かす』でしょう。この本の中で、「人に好かれる六原則」のひとつとして「**名前を覚える**」と書かれています。

「名前は当人にとって、最も快い、大切な響きを持つことばであることを忘れない」

メルマガが一般的になってから20年以上経ちます。

メールの件名や本文の冒頭に「○○様」を自動的に差し込まれていると、不特定で送られてくるメールと違って、ついつい開いて見てしまいます。デール・カーネギーの人に好かれる原則を活用していると言えます。

営業時代に、研修トレーナーとして、数百人の営業に同行をしていました。様々な営業スタイルを客観的にみることができて、コミュニケーション心理学を研究する上で貴重な体験ができました。

その中でも印象に残っているのは、ある営業のAさんに同行したときです。Aさんは、社内でも人の懐に入るのがとてもうまい人で、安定した成績を出していました。同行すると、どんなに年配の方でも、**名前で呼びかけている**ことに驚きました。75歳の女性にも**「さん付け」**です。

99％の営業は、「お客様」「奥様」、あるいは「奥さん」と呼んでいましたし、70代以上のお客様相手だと、20代30代の営業は、「おばあちゃん」と呼ぶ人も多かったです。ところがAさんは、どんなに年配の方でも、○○さんと呼びかけていました。相手に対してのリスペクトを感じました。

お名前を呼ぶことにまつわる、強烈なエピソードがあります。

あるパーティーに参加したときに、さわかみ投信株式会社の創業者、澤上篤人氏がゲストで参加されていました。

澤上氏の前には、名刺交換を求める人の大行列ができました。おそらく50人以上の方と名刺を交換されたのではないかなと思います。もちろん私も名刺交換をさせていただきました。

パーティーが始まって1時間くらい経ち、澤上氏があちらこちらに挨拶をしている姿が目に入りました。そろそろお帰りのようです。

澤上氏は、私と目が合うなり、

「あ！　松橋さん、今日はありがとうございました！　お先に失礼します」

「えっ？　はい、あ、あ、あ、ありがとうございました……！」

感動して、焦りに焦りまくった返事しかできませんでした（「50人と名刺交換して、私の名前をなぜ覚えているんだろう!??」）。

あれほど有名な方が、50人以上と名刺交換をして、投資なんて無縁そうな私の名前なんぞを覚えているなんて、「この人は神か！」と思いました（笑）

これほど自分の名前を呼ばれてうれしかったのも、人生で初めてでした。

お名前を呼ぶことのパワーを思い知った瞬間でした。

03
お名前をしっかり呼びつづけることで「あなたを尊重しています」と意思表示をしよう！

お名前を呼ぶことは、「あなたを認識していて、尊重している」という意思表示です。

人間関係を築く上で、相手の名前で呼びかけることは、とても大事です。

さらに、**何度もお名前で呼びかけるうちに、相手の名前を自然に覚えられる**効果もあります。

あなたは人の名前を覚えるのが得意でしょうか？

もし苦手なら、会話の中に何度も何度もお名前を差し込みましょう。

親近感を感じてもらえて、さらに相手の名前もしっかり覚えられるという、一石二鳥の技です。

04

うまく雑談できる人は自己紹介フレーズがあり、できない人はアドリブで自己紹介をする。

人生で自己紹介をする機会は、どれくらいだと思いますか？

何かしらの集まりに参加したら、自己紹介をする機会があります。

先日、オンラインセミナーに参加したときには、数人のグループに何度も分かれて自己紹介をする機会があり、わずか30分で4回の自己紹介をしました。

「そういえば、生涯でどれくらい自己紹介をするんだろう？」

と、疑問に思って考えてみました。講師をされている方なら自己紹介をする機会は、一生のうちで千回は超えるでしょう。少ない方でも数百回はするのではないかと思います。

なのに、自己紹介の内容をアドリブでやっていたり、大した準備をしていないのは、とても効率が悪く、もったいないことだと思います。

「佐藤商事の鈴木と申します」

このように、会社名とお名前だけ紹介する方は多いです。これだけだと印象に残らず、まるで「私を覚えないでください」と言っているのと同じです。

印象に残る自己紹介をするために、次の3つのポイントを盛り込んでみてください。

①何で覚えてほしいかを伝える

「聴き方を教えるセミナーを主催している、一般社団法人日本聴き方協会の代表理事、松橋良紀と申します」

このように、**何で覚えてもらいたいのか明確に伝えましょう**。

「事務をしています」「営業をしています」「セミナー講師をしています」だけだと、印象には残りません。何をやっているのかひと目でわからない社名の場合は、特に丁寧に業務内容を紹介する必要があります。

②名前の解説をしよう

「松橋と申します。松の木の松に、ブリッジの橋で松橋です。

英語でパインブリッジです。

松橋はありそうであまりない名字ですが、それでも松崎とか高橋と間違えられます。松崎さんって呼ばれて、そのうち「しげるさんだっけ」と呼ばれ始めて、もはや原型をとどめない人になったこともあります。マツハシですのでお間違えなく」

このように、**どんな漢字を使うのかと、英語に言い換えるとどうなるか、ユーモアを入れて伝える**と、覚えてもらえやすいです。

③ エピソードを加える

「今は30冊で50万部の著者をやっていますが、43歳でクビ宣言されて独立した当初は、時給900円引っ越し屋のバイトで食いつないでいました。年下にどなられてばかりで、精神的にもきつかったです」

このトークをよく使うのですが、こんなことがありました。

「松橋さん、10年ぶりにお会いできましたが、池袋のセミナーにゲスト講師でこられてお話されましたよね。あのときの引っ越しのバイトから著者になった話に、とても力づけられました。感謝しています！」

10年も前に話したことが、これだけ心に残っていると言っていただいて、とても感動しました。

エピソードには人の心を動かす力があります。

特に苦労話と、そこから這い上がったエピソードは、共感を生み出して感情を揺さぶります。説明だけではなく、そんなエピソードを交えた自己紹介も用意しておきましょう。

ちなみに聴きやすいスピードは、10秒なら50文字、30秒なら150文字、1分間で300文字、3分なら900文字です。それぞれの時間で台本をつくっておきましょう。

一生のうち、何百回、何千回と使えることを考えるとやらないのは大損です。

04
自己紹介フレーズは一生の間に何百回、何千回も使うもの。時間別に準備をしておこう！

05

うまく雑談できる人は見た目を一番大事にし、できない人は「人は見た目じゃない」と言う。

いっさい身なりに気を使わない人がいます。そういう人の決まり文句は、「人は見た目じゃない！　中身だ」

確かに、身なりに気を使わない人の中には、天才と言われる人も多いです。髪型などの外見などに気を使う時間もないくらい、何事かに取りつかれているからこそ、天才的な成果につながるのでしょう。しかし、それは限られた人だけにゆるされた特権だと思います。

初対面の印象は、**2秒から長くても8秒**までで決まるといいます。しかも、初対面で印象が悪かったら、それを覆すには数時間以上かかるというデータもあります。たまにしか会わない関係なら、初対面の印象が悪ければ一生そのままです。

初対面で感じのいい人ランキングだと、「清潔感のある人」が常に上位です。

では清潔感とは何でしょうか？


ある調査では、**「清潔感とはヘアスタイルの影響がほとんど」**だそうです。ボロボロのジーンズや古着でも場合によってはおしゃれになりますが、ボサボサで整っていないヘアスタイルは、清潔感がない印象を与えてしまいます。

男性は、美容室に行ったことがないという方が多いです。ぜひ一度、男性でも美容室に行って、「似合う髪型にしてください」とお願いしてみてください。別人のように変わる場合もあります。


服装は、**TPOに合っているかどうか**が大事です。

TPOとは、特定の時間、場所、状況に応じた服装をすることを指します。

結婚式や葬式では、フォーマルな服装が求められるし、就活ではリクルートスーツに黒髪がベストでしょう。

身だしなみが整っていて清潔感のある人は、誠実で真面目な印象を与えますし、服装が乱れている人は、だらしない、無責任といった印象を与えます。

ＴＰＯに合わない特異な服装をしている人は、個性を主張できるかわりに、安定志向の人には嫌われやすいというリスクを背負います。

私は45歳で初めて、テレビで大活躍しているプロのスタイリストに服を揃えてもらったことがあります。

選んでもらったものを見たときに、「えー、これ着るのか、気恥ずかしいな」と内心思いました。しかし着てみると、それまで持っていた自分の服を着て出かけることができなくなりました。それほどに、プロのセレクトはすばらしかったです。思い切ってプロにおまかせしてみると、人生観がガラリと変わりますよ。


もともと持って生まれた容姿は変えられませんが、その人の人生観などの内面は、外見に現れます。

「紺のスーツに白ワイシャツ、紺色のネクタイ」は誠実で自己主張を抑えた印象を与えます。逆に公式な会見でもＴシャツで登場するような人は、実力や存在感のアピールをしている印象を与えます。

人生観は表情にも現れます。

厳しい人生観を持っている人は、険しい表情をしています。笑顔でも眉間にくっきりとしたシワが刻まれていたら、何かに怒っていたり悩んでいる時間が多いだろうし、神経質な人だろうと想像できます。近寄りがたい雰囲気が出てしまいます。

結局、見た目で印象は大きく決まります。

気軽に雑談をできる関係になるには、**安心で安全な人だという印象を与える必要があります。**

そのために、できることをチェックして、取り組んでいきましょう。

05
見せたい自分に合わせて、身だしなみを整えよう！

06

うまく雑談できる人は内容がスカスカな話をし、できない人は充実した話をしようとする。

起業家の相談を受けていると、書くことも苦手だとおっしゃる方が多いです。

・ブログやSNSで何を書いたらいいかわからない
・ネタが無くて困る
・書いたものを、いざ発信しようと思うと躊躇する

これはライターズブロックと呼ばれます。他人の評価を意識しすぎです。

「友人、知人、先輩、指導してくれている先生など、全方位を唸らせるような内容のことを書かなければ！」

と気負っているのです。

これは雑談が苦手な理由と共通しています。相手の反応を過剰に気にしすぎた結果、「しっかり内容のある話をしなければいけない」となり、そうして「雑談で何を話したら

いいのかわからない」となります。

「雑談」を辞書で調べると「とりとめのない談話」、「テーマを定めないで気楽に会話すること」とあります。内容のない話をすることが雑談です。

雑談では、相手を唸らせるような内容は必要ありません。スカスカな内容の話でいいのです。

所ジョージさんが、ビートたけしさんや明石家さんまさんに、よく言っていたセリフがあります。

「くっだらねえな」

くだらないという言葉は、お笑い芸人という職業は、「立派だな」「尊敬するよ」よりも、最高のほめ言葉です。くだらないといわれる人たちが、日本の芸能界を30年以上牽引しています。

あなたも、「くだらない」と言われることを名誉だと思えるくらいになれば、雑談の達人です。雑談で得られるメリットは次のようなことです。

① 交渉を有利にできる

交渉などの営業の場で、顧客にスムーズに契約をしていただくには、雑談は不可欠です。マサチューセッツ工科大学の研究によると、雑談無しで商談に望んだ場合の成約率は5・9%。雑談をしてからの商談の場合の成約率は、39・3%。なんと6・7倍以上もの差が開きました。

② アイデア出し

私の本の中でもっとも売れているのが雑談の本です。出版のきっかけは、まさに編集者との雑談でした。書店周りをし終えて、喫茶店で編集者とお茶をしながら、「今後、書いてみたいテーマはこんなのがありまして」と編集者に企画のアイデアを伝えていました。そこで雑談の本がよさそうだとなり、今の私につながりました。アイデアは、雑談から生まれることがほとんどです。

③ 親密度アップ

親密度は雑談の量に比例します。公式なビジネスに関する会話をしているだけだと、人間関係が築けません。商談で雑談の効能は6・7倍違うとお伝えしましたが、社内の人間との付き合いでも同じです。上司と二人きりで車で移動することになったとき、気まずい時間を感じる人は多いでしょう。その時間に雑談をすれば、親しくなって相談がしやすくなるでしょう。

内容の濃い話をすることで、相手からの尊敬を得たいとか、一目置かれる存在になりたいという欲望が透けて見えると、親しい関係を築くどころか、人間関係の距離が開きます。

今の時代は、尊敬される人を目指すより、雑談を駆使して親しみが持てる人を目指す方が、はるかにメリットが大きいのです。

06
「くだらないね」をほめ言葉に感じるようならあなたも雑談の達人です！

第2章

人脈を増やす「言葉選び」編

07

うまく雑談できる人は「あなたはどう？」と聞き、できない人は「私は」と自分の話をする。

まずは雑談が下手な人のパターンを紹介します。

相手「最近、浅草に行ったんだよ」

自分「お、私も年に数回は行ってますよ！」

相手「あ、そうなんだ。外国人ばかりですごく混んでたよ！」

自分「そうなんですよ。最近は中国人がたくさん来ていますよね」

相手「そうなんだ。中国の人って写真が好きだよね」

自分「そうそう、先日行ったときなんてすごかったですよ。というのは……」

相手の話に耳を傾けないどころか、話泥棒をしてしまったりします。

逆に雑談が上手い人は、相手が何に興味を持っているかに興味を持ちます。

相手「最近、浅草に行ったんだよ」
自分「へえ、どうでした？（何を話したいのかわからないので特定の質問をしない）」
相手「外国人ばかりですごく混んでたよ！」
自分「あー、まるで外国に旅行した気分になりますね……（沈黙して話すのを待つ）」
相手「中国人が多かったね。中国人はパワーがあるね！」
自分「そうですよね、おとなしい日本人に比べて積極的な感じがありますよね」

このように雑談の上手い人は、相手がどんなことを興味があるのかわからないうちに、特定の質問で誘導するようなことをしません。**相手の興味を知るまでは、話を狭めずに聞き出します**。そして**興味や関心の矛先がわかったら、その部分に集中して質問をする**ことで、話をどんどん深めていきます。

人の話を聞けないのは承認欲求が強すぎるからです。承認欲求は誰でも持っているものですが、それが強すぎると他人の話を聞けなくなります。

幼少期に親から充分な愛情を受けられなかった。

認めてもらえなかった。

否定されてばかりいた。

このように、幼少期に自分の存在を否定されて、軽く扱われて、承認してもらえなかった経験があると、承認欲求が強くなります。

愛情が足りないと感じることは、幼い子どもにとって最大の恐怖です。恐怖を取り払うために自分の存在価値を、精一杯アピールする必要が生まれます。それが大人になっても、常に自己アピールをしてしまう原因となります。


幼少期の頃に満たされなかった承認欲求に、振り回され続けない方法はあります。

「他人に大事にされていない！」と感じたとしたら、セルフカウンセリングをしてみましょう。

「なぜ、相手の言葉や態度に、こんなに感情が揺り動かされるのだろうか？」

「自分の悲しみは、どこから来ているのだろうか？」

その悲しみや怒りの感情の原点を探っていくと、幼少期に体験した出来事が掘り起こされていくでしょう。

長男長女として生まれたとしたら、弟や妹が生まれてから、自分をないがしろにされた感覚を感じてしまったのかもしれません。

次男次女で生まれたとしたら、兄や姉に比べていつもお下がりばかりだとか、自分の意見が通らないなど、自分を大事にしてもらえていない感覚が残っているかもしれません。

その感情を書き出したりすると、自分が封印してきた感情と向き合ううちに、心の癒しが起きて、承認欲求から解放されていきます。

他人から満たされるのを待つのではなく、自分で自分を満たすことができるようになると、「あなたはどう？」という言葉がすんなり出てくるようになるでしょう。

07 承認欲求と向き合っていくと自然に相手中心の雑談ができるようになります！

08

うまく雑談できる人は「○○に悩んでいて」と開示し、できない人は人の話だけを聞く。

人の話をよく聞くし、他人に対しての気遣いもある。それなのにどこか慇懃無礼で、人間関係で壁を感じさせる人。なかなか親密な関係になれない人。こんな人は、何が原因なのでしょう？

それは、自己開示が足りないのが理由として考えられます。

親密な関係とは、本音を打ち明けたり、弱点や欠点をさらけ出せる状態です。

安心して自分をさらけ出せる関係は、どちらかが自己開示をすることで始まります。

しかし、自己開示が苦手だと、なかなか親密な関係にたどり着けません。

私が20代の頃、よく言われた言葉があります。

「松橋は何を考えているのかよくわからないな」

意見を言わず、自分の考えや気持ちを相手に伝えないし、常に会話において受け身でした。ですから、よくわからない人間だと思われていました。

意見を求められたら、曖昧な返答をしてごまかすようにしていましたし、自分のプライベートな情報を他人にはあまり知られたくないという気持ちもありました。

私が自己開示が苦手だった理由は、今思えば次の様なことが考えられます。

①自己肯定感が低い

当時の私は、自分自身を価値ある存在と感じることがありませんでした。ですから、自分のことを相手に知ってもらうことに抵抗を感じていました。

「自分なんて……」という感情が先立ってしまい、自己開示をすることに尻込みしていたことを思い出します。

②過去の体験から目立たないようにしたい

学生時代に仲間はずれにされたり、いじめられたり、傷つけられたりした経験がありました。ですから目立たないように自分のことを極力見せないようにしていました。

③ 評価がこわい

私は優等生でしたから、「あいつはしっかりしている」と思われたいという気持ちが強くありました。自分のネガティブな部分を見せることは「弱さ」だととらえていたことも大きいです。

「おまえは心が弱いやつだな」「情けないやつだな」と言われてショックだった経験がありました。弱さをみせたことで、からかわれたり、扱いが悪くなったり、怒られたりしたりした経験の影響が大きいです。

では、どうしたらもっと自己開示ができるようになるでしょう？

それは**経験したこと、体験したことを話すことです。**

自分が経験したことや体験したことなら、思い出して話すだけです。特に楽しかった体験、落ち込んだ体験は、あなたの価値観を伝える上でとても大きな情報となります。

そして自己開示でもっとも有効なのが、**悩みを相談する**ことです。

「今までに誰にも言ったことがないんだけど」

このキラーフレーズとともに、自分の感情を素直に表現することです。

自分の喜びや悲しみの感情についてオープンに話すことで、相手と深い信頼関係が築かれるでしょう。

まずは共通の趣味や興味を共有できる相手に、少しずつ自己開示をしてみたらいいでしょう。

やはり、一緒に時間を過ごす時間が長いと、関係が深まりますので、気の合う人がいるコミュニティがあったなら、長期間参加し続けることです。

するといろいろ共有できる相手に出会う確率も高まります。

そうして信頼できる人ができたら、少しずつ自己開示していくのがおすすめです。

08
最高の自己開示は、悩みを相談すること。一気に距離が縮まります！

09

うまく雑談できる人は感情言葉を使いこなし、できない人は理性的に話す。

話をしていて楽しい人の話は、**感情表現が豊か**です。

感情表現が豊かな人の話は、なぜ楽しいのでしょうか？

それは、**感情に共感して惹きつけられる**からです。

喜びや、悲しみ、怒り、不安などの要素が入っていると、聞き手の感情が動かされます。喜び、悲しみ、怒りなどの感情の起伏があればあるほど、さらに感情が動かされます。

感情表現がなくて事実だけの話と、感情表現を豊かにした話の二種類を紹介しますので、読み比べてください。

① 事実だけのバージョン

私は30歳の頃、心理を学んで人生が変わりました。売れない営業が学んで1ヶ月で全国1位になりました。

学んだそのスキルを後輩に教えたら、みんな成績がどんどん上がり、講師として将来は起業をしたいと思うようになりました。


以上は、事実を伝えているだけの文章ですから、理解はできてもそれほど心には残らないでしょう。

それでは、感情表現を加えて書き直してみましょう。

②感情表現を加えたバージョン

私の営業成績は万年下位グループ。「クビと言われたらどうしよう？」と不安と恐怖の毎日です。まさに人生の真っ暗闇の中を手探りで進むようなどん底の時期でした。そんな私は、藁にもすがる思いで心理学を学びました。学んだ1ヶ月後、全国に450人いる営業の中で1位に！

人生で一番といっていいくらいの達成感と幸福感に包まれました。

でも、もっとうれしいことがありました。

その心理スキルを同僚や後輩に教えると、成績が次々と向上したのです。涙ながらに「劣等感しかなかった人生が変わりました。感謝しています」

そう言われたときには、私も喜びで涙がこぼれました。他人の成長がこんなにも喜びで満たされるとは知りませんでした！

そしていつしか、心理学を教える講師として独立できたらいいなという夢が芽生えました。


以上を読み比べてみて違いがわかりますか？

事実を淡々と伝えているだけでは、ちっとも面白くないということは間違いありません。大事なのは、**感情の起伏の表現**です。

不安や悲しみ。

そして喜び。

感情の振れ方が大きいほど、カタルシスを感じます。

カタルシスとは、ギリシャ語の「katharsis」に由来する言葉で、日本語では「浄化」や「昇華」という意味です。

苦しみや悲しみと、喜びに共感することで、読み手の感情をゆさぶり、心の浄化を促します。


感情は基本的に5つに大別できます。

快の感情は「喜び」のひとつに集約されます。

不快の感情は、「悲しみ」「怒り」「不安」「苦しみ」です。

これらの感情を表す**感情言葉の使いこなしは、人の心を動かします。**

「それは悲しい」「それは腹が立つ」「不安を感じる」「苦しい」と直接的に感情を口にするようにしていくことで、人生がさらに豊かになるでしょう。

09
感情を口にすることは恥ではありません。感情を口にするようにしていきましょう！

10

うまく雑談できる人は分離話法を使い、できない人は反論する。

「人間の悩みは、すべて対人関係の悩みである」

この言葉は、心理学者アルフレッド・アドラーの言葉です。

ベストセラーになった『嫌われる勇気』という書籍で、アドラーが提唱した考え方について紹介します。

アドラーいわく、「個人だけで完結する悩みなどというものは存在しない」

つまり、他の人間がいなければ悩みが生まれないと言います。

例えば、「背が低い」、「収入が低い」などの悩みは、他者との比較や、対人関係がなければ存在しないということです。

またアドラーは、「あらゆる対人関係のトラブルは、他者の課題に土足で踏み込むことによって引き起こされる」とも言います。

たとえば、子どもが勉強しないで悩んでいるお母さん。これは誰の課題なのか？　もちろん子どもの課題です。お母さんの課題ではありません。お母さんが勉強をしたところで意味がありません。

なのに、親が「勉強しなさい」と命じるのは、他者の課題に対して、いわば土足で踏み込むような行為。親は「子どものために」と思ってやっていたのでしょう。

でも、「親に無理やり押し付けられた」「自分の言い分を聞いてもらえなかった」と言って、孫がいるような年齢になっても親を恨み続けている人をたくさん見てきました。

ちなみに勉強しないと、どんな結末になるのでしょう？

その結末を引き受けるのは誰でしょう？

未来の選択肢が減ってしまう？

希望の学校に進学できなくなる？

希望の職業につけなくなる？

それらの結末を引き受けるのは子ども自身です。ですから、「勉強するかどうかは子どもの課題だ」とアドラーは言います。


相手が話すことにまったく共感できないことや、理解ができないこともあります。

あなたが大事にしているものを否定されることもあります。

そんなときにはどうしますか？


コミュニケーションがうまくできない人は、すぐに否定をしてしまいます。

たとえば、あなたが営業だとして、「おたくの商品、高すぎるね」と言われたら、どのように返しますか？

「いいえ、ぜんぜん高くないですよ。A社の商品に比べてこの部分が優れていますから、安いくらいですよ！」

このように、経験不足の営業は即座に反論します。


雑談がうまい人は、**理解ができないことでも否定をしません。**

大事にしていることを否定されても否定で返しません。

「そうですよね。高いと思いますよね」

このように、**「あなたはこう思いますよね」と返すのは、相手と共感をするだけであって、自分の意見を曲げることではありません。**


「相手が自分と同じ考え方を持ってくれない！」

そういった悩みは、課題を分離できていないことから起きます。

相手とあなたは違う人間です。

同じ方向を見ることができたらそれはうれしいですが、違う方向を見ても大丈夫です。

お互いの選択の自由を受け入れると、自由な人生に変わります。

10 反論したくなったら、課題は相手と自分のどちらのものだろう？ と考えてみよう！

11

うまく雑談できる人は5S言葉を使いこなし、できない人はやる気を削ぐ言葉を連発する。

「これやっといて」

「あなたには無理かもしれないけどやってみる？」

こんな言葉を言われたとたんに、やる気が下がる人が多いでしょう。

雑談が上手い人は、人のやる気を高めるのが得意です。

やる気を上げる言葉をいくつかご紹介しましょう。

ポジティブなフィードバックの技法を身につけたら、対人関係はかなりスムーズになります。

まずはほめ言葉のバリエーションを覚えましょう。5つの言葉の頭文字のSをとって、「**5S言葉**」と名付けました。

①最高です！
②素敵です！
③素晴らしい！
④すごい！
⑤さすがですね！

知り合いの経営者に銀座のクラブに連れていってもらったことがあります。連れて行ってくれた方は、ホステスさんたちに「すごい！」「さすが！」と言われてご満悦。

会計時、二人でハイボールを数杯飲んだだけで10万円。彼は女性たちの「すごい！」「さすが！」にそれだけの価値を感じているわけです。

フジゲンという世界的なギター製造会社があります。

創業者の横内祐一郎会長の講演会に参加したことが数回あります。世界的なギター会社と経営者として大成功した彼の運命を変えたのは、希望を与えてくれた言葉だったそうです。

彼は20代の頃、家業を継いで農業をしていたときに、トラブルが起きて絶望の淵にいました。そんなときに、道端で占いをしている女性がいて、声をかけられました。

「あんた、ちょっと鑑定を受けてごらん」

鑑定をしてもらうと、占い師は言いました。

「あんたの運勢、すごいよ！　最高だよ！　将来経営者になるよ」

「えー！　ほんとですか！　そんなことを言われても全然そんな未来なんて、想像もできません」

会長いわく、

「すごいよ！　最高だよ！　の一言で、未来への希望を持てるようになったし、勇気をもらった！

占い師は、ひょっとしたら、私が絶望で死にそうな顔をしていたから、適当にほめてくれたのかもしれない。

でも、それまで絶望の淵にいた私にとっては、暗闇にようやく灯がともった瞬間だった！　よし、もうちょっとがんばってみようというやる気がわいてきた」

「その体験で思ったことがあります。

ああ、人はたったひと言で変わるんだ。

それ以来、『人と接するときは、常に勇気を与える言葉を言おう。未来への希望を持てる言葉を口にしよう』

それを教訓にしてきました。

それが今の成功につながったと思っています」


人はあなたのたった一言で変わるかもしれません。

あなたのほめ言葉が、相手に勇気を与えるかもしれません。

相手に未来の人生を変える一言になるかもしれません。

11　5S言葉を活用しながら、勇気と、未来への希望を与える言葉がけを常に意識していきましょう!

12

うまく雑談できる人は価値観をほめ、できない人は目に見えることをほめる。

「ほめるのが苦手」という方はたいてい「心にもないおべんちゃらを言っている気がする」とおっしゃいます。

はい、それは違います。ほめる際に、心にもないウソを言う必要はありません。相手に喜んでもらいたいことが伝われば、多くの人は素直に受け取ってくれるはずです。

人をほめるのが苦手なら「自己肯定感を上げましょう」ということに尽きます。**自分をほめることができるようになると、人の成功を心から喜べたり、応援できるようになります。**

ですが、自己肯定感を簡単に上げられたら苦労をしませんよね。

まずは、形だけでもほめることから始めましょう。

ほめるポイントは5段階あります。

①第一段階　環境をほめる

相手の生まれた場所や住んでいる場所、所属している会社や組織、学歴、相手のパートナー、親、知人、友人や、家や車や服などの持ち物など、相手の環境をほめましょう。

「いい会社にお勤めですね！」「いいところにお住まいですね！」

②第二段階　行動をほめる

相手がやってくれたこと、行動そのものをほめましょう。

「親切な方で安心しました！」「こんなことまでしてくださって、うれしいです！」

③第三段階　能力をほめる

相手の能力に注目してほめましょう。

「お話があまりに面白いので聞き入ってしまいます！」「いろんな分野に精通していらっしゃるんですね！」

④第四段階　信念や価値観をほめる

相手が大切にしている考え方をほめましょう。

「いつも前向きで、周りを元気づける姿を尊敬しています！」

「人の為に常に尽くす姿勢に感動します！」

⑤第五段階　アイデンティティ

相手の自己認識、セルフイメージをほめる段階です。相手が自分自身をどのように認識しているか、相手が大切にしている価値観はどんなものかに基づいてほめましょう。

「常に新しいことにチャレンジし続けるあなたは、本当に挑戦者ですね！」

「いつも先の事を見通して決断できるあなたは、まさにリーダーですね！」

第一段階から第三段階の「環境」「行動」「能力」は、目に見える部分です。つまり、本人にしてみれば、見せている部分でもあるので、ほめられても当然の部分です。きっと、他の人からもほめられていることでしょう。

しかし、**第四段階の信念や価値観、第五段階のアイデンティティに関わることを言ってくれる人は、とても少ない**でしょう。上位概念に触れられれば触れられるほど、自分の本質を理解して承認してくれていることが感じられます。

表面的な部分ではなく、相手の深い部分に刺さる承認を言葉にできたなら、相手との関係も深くなります。

すると、何か頼まれた時のやる気も大きく変わるでしょう。

部下や家族に、何かやってほしいことがあるのなら、普段から相手の深い部分をきちんとほめる言葉を口にして、深い関係を築くことです。

ほめることとは、相手とのコミュニケーションを円滑にするだけではありません。相手のやる気を引き出す効果もあります。ぜひ、積極的に人をほめるようにしましょう。

12
相手の本質を承認するために、上位概念をほめる言葉を口にしよう！

13 うまく雑談できる人は第三者話法で話し、できない人は自分を主語にして話す。

相手に何かを改善してほしいときや、何かをしてほしいときには、潜在意識に働きかけてスムーズに動いてもらう伝え方があります。

それが**第三者話法**です。

営業や人を動かすのがうまいリーダーは、無意識に使っています。

なぜ第三者話法で話した方が良いのか、その理由を紹介しましょう。


ひとつは、相手の潜在意識にダイレクトに伝わるからです。

例えば営業が言います。

「この商品は機能が素晴らしくて使いやすいし、価格も安いですよ」

このように営業は、自分の商品の素晴らしさを伝えるのは当然です。

しかし、商品が売れることで営業にメリットがあるのが明白ですから、お客様も素晴らしさは半信半疑で割り引いて考えてしまいます
そこで、**自分の話としてではなく、第三者である40代の女性の話として紹介します。**

「先月、購入された40代の女性がおっしゃってくれました。

『この商品は、とっても使いやすいし、機能が素晴らしい割には価格も安いね』

とおっしゃるんです。使ってみると感動してくださる方がたくさんいらっしゃいます」

さらに営業とそのお客様の笑顔のツーショット写真や、証拠のメール画像を見せてもらったとしたらどうでしょう？

営業本人が話すよりも、成約率が少なくとも3倍以上はアップしそうです。

私が20代の頃、営業がまったくうまくいかず、「商品が高すぎるから売れない」「商品の質が低いから売れない」という愚痴を、先輩経営者にこぼしたことがあります。

そしたらこんなことを話し始めました。

「私の知っている子で、有名な宝石屋に勤めている人がいてね。数年前に『うちはクズ

ダイヤをこんな値段で売っている。仕事のやりがいがない』って言うんだよね。

そこで『いただいている給料以上は働いていると思う？』

そう聞いたら、『うーん、やってないと思う』って言うんだよね。

『じゃあ、嫌ならやめればいいし、給料をもらうなら、それ以上返していかないとね。運を使い切ってしまうし、人生に負の貯金ばかりためていくことになるよ』

そう言ったら、なんか彼女のスイッチが入ったみたいで。なんとその後、トップ販売員になってね、今は店長をやってる。運の貯金、負の貯金っていうのはあると思うんだ」

「へぇー、すごいですね……」

人ごとだと思って聞いていただけなのに、何十年経っても覚えている話として書けるくらいですから、かなり潜在意識に刺さった話だったのは間違いありません。

もし私が愚痴を言った瞬間に、その経営者が「何を言っているんだ！　君は給料以上に働いているのか？　もし給料分以上に働いていないなら、運の貯金を食いつぶすだけで未来がないぞ！」などと説教をされていたら、おそらく心を閉ざして、聞く耳を持てなかったでしょう。

私はその話を聞いたときに、「愚痴を言うのをやめて、給料以上のことをやっておこう」

と思い直しました。するとその直後に、友人から心理学講座を勧められて、「何か変えないといけないから、借金してでも参加してみよう」と決めて、一歩踏み出しました。

　これがきっかけで、全国1位になり、人生が好転していきました。


「私の意見なんだけどさ」と指示や要望をいうと、説教や説得となり、聞き手の耳はふさがりやすくなります。

「友人の話なんだけどさ」などの第三者話法で話すと、聞き手は押し付けられた感覚がなく、リラックスをして話を受け取ることができます。

　すると潜在意識に直接メッセージを届けることができます。第三者話法を使いこなしていくと、とてもスムーズな人間関係が築けるようになります。

13
潜在意識に直接メッセージを伝えたいなら第三者話法を活用しよう！

14

うまく雑談できる人はきっぱりと話を切り上げ、できない人は話が終わるのを待つ。

雑談が長引いて、長時間にわたって続きすぎると、その後の予定に支障をきたすこともあります。でも相手が目上だったり、取引先だったりすると、自分から終わらせることに躊躇しますよね。

ですので、相手を不快にさせずに雑談をスマートに打ち切る方法を知っておく必要があります。長引く雑談をスムーズに終わらせるには、相手との間に境界線をしっかりつくることです。

心理学における境界線とは、自分と他人を区別するためのラインのことです。「バウンダリー」とも呼ばれます。

境界線を相手に委ねてしまうと、自分の時間とエネルギーの限界を超えてしまったり、

ストレスが増えてメンタルヘルスが保てなくなります。

境界線には次のような種類があります。

①感情的境界

自分の感情と他人の感情を区別する能力です。他人の感情を、自分のものとして引き受けないことがこれにあたります。

②心理的境界

自分の思考、価値観、信念を他人と区別し、自分のアイデンティティを保護することです。

③物理的境界

個人的な空間や身体的な接触に関する境界です。自分の快適ゾーンとプライバシーを尊重してもらうことが重要です。

④時間的境界

今回のテーマである自分の時間を、どのように守るかの境界です。

では話を打ち切る具体的な3つの方法を教えます。

①非言語サインを送る

時計を見ながら時間を気にするそぶりをすることは、非言語的なコミュニケーションのひとつです。相手に対して直接的な拒否を示さずに、時間に対する制約があることを伝えることができます。心理学では、このような非言語メッセージは、言語メッセージよりも強く伝わるとされています。

②共感を示しながら切り上げる

相手の話に興味を持っていることを充分に示した上で、予定があることを伝えます。

「○○さんの話は、とても興味深くて、まだまだお聞きしたのですが、そろそろ次の予定がありまして」

③続きは次回に持ち越すことを伝える

話の内容が有意義だったことと、さらに続きを聞きたいということも伝えることで、相手に敬意を払いましょう。

「内容が深いお話をありがとうございました。とても有意義な時間になりました。もっとお聞きしたいです。なので次回、ぜひこの続きをお聞かせいただけますか？ありがとうございます。次回を楽しみにしております」


話を中断するタイミングに悩むあなたには、**性格タイプも考慮**にいれてほしいです。

こちらの都合を気にせずに、ずっとしゃべりまくる方ということは、その方はあなたとは違ってかなり鈍感なタイプだと思われます。ですから、「あっ！　すいません！　予定が入っていたんでした！　続きは次回でお願いします！」

こんなふうにストレートに話を打ち切っても、それをいちいち気にしないタイプです。

気軽に打ち切ってみましょう。

14 相手を尊重しつつ、他人との境界線をしっかりつくって、自分の人生を守りましょう！

15

うまく雑談できる人はすべった時の切り返しがあり、できない人は真っ白になる。

ある女性のカウンセリングをしているときのことです。本人は「話が下手で悩んでいる。笑いが取れないから」という相談がありました。「笑いを取るのは大変なことですよ」と返事をしました。笑いを取るのは、会話スキルの中でも、もっとも高度なことなのです。

私はセミナー講師を20年以上やっているので、笑いを誘う鉄板ネタはいくつかあります。それでも、会場に集まった客層や地域によっては、無反応で「シーン」とすることもあります。自分史上で最高のネタでも、5回中1回大ヒットしたら確率が高いと思った方がいいです。

『夢をかなえるゾウ』の著者水野敬也さんは、「笑いというのは、大きなリスクを犯したうえで提供される極上のサービスだ」とおっしゃっています。その大きなリスクを背負って、笑いにチャレンジするあなたは勇者です。

チャレンジするためには、すべったときの切り返し法が必須です。とても役に立つはずです。

●スべったときの8つの切り返し

①「ここ笑うところですよ」
シーンとしたあとにこれを言うと、かなりの確率で笑ってくれます。

②「シーン」と自分で言う
スべってしまってシーンとしたら、「シーン」と見渡しながら自分で言うと、笑いが起きることが多いです。

③「あれ？　何？　この空気？」
このようにとぼけるパターンもありです。さらに「今、北極より寒くないですか」と重ねるのもありです。

④「時空がゆがんだみたいです。全員無事ですか？」
SFチックな切り返しもありですね。

⑤「あれ？　みんな聞いてる？　聞こえた？　もう一回言おうか？」
タフなメンタルな感じが、笑いを誘います。

⑥「あ、やばい、私じゃなかったらスベってましたよ」
自信満々な現実逃避が面白いと思います。

⑦「2週間、寝ないで考えたネタなんですけど」
同情で笑いが起こります。

⑧「大暴投してしまいました」
さらに「今日はコントロールが定まらない」と重ねてもいいですね。

●他人がスベったときのフォロー

①「……乾杯〜!!」
飲み会やお茶会でシーンとしたら、大声で「乾杯〜！」と叫びましょう。勢いでごまかすパターンです。

②「さて、春の桜の満開もいよいよ近づいてきましたけれども」
乾杯と同じく、スベったことをなかったことにするフォロー方法です。

③「だいぶご自分のフォームを崩してますね」

もともとはおもしろい人だという前提を挟み込んだフォローです。

④「たまには大暴投もしますよね」

こちらも同じく、いつもはおもしろいという前提を挟み込んだパターンです。

⑤「ごめん、今のはみんなが悪い」

スベったのを、聞いている側のせいにしてみましょう。

15 スベったときの準備をしておきましょう！ スベるのが楽しみになります！

幼児は一日300回笑います。ところが23歳以降になると3ヶ月300回とも言います。笑いは信頼を築き、オキシトシンが出ます。オキシトシンはストレスの解消効果があります。コルチゾールは39％減少します。床を転げるくらい面白いことを言わなくていいのです。ほほえみで充分です。

第3章

ネタがなくても話が弾む「リアクション」編

16

うまく雑談できる人は「どんな○○？」と質問をし、できない人は「○○ですか？」と質問をする。

雑談を盛り上げられない原因は、質問にあります。

次の2種類の質問を比べてみてください。

①下手な人の質問

「会社員をされている方ですか？」

「職種は事務職ですか？」

「趣味はありますか？」

「スポーツはやりますか？」

「その映画、おもしろかった？」

②雑談が上手い人の質問

「仕事はどんな関係をされていますか？」
「職種はどんなことをされていますか？」
「どんな趣味をお持ちですか？」
「スポーツはどんなことをされていますか？」
「その映画、どんなところがおもしろかった？」

いかがでしょうか？　違いが明白ですね。話が盛り上がらない人は、①のクローズドクエスチョンを多用しています。

クローズドクエスチョンとは、答えが限定される質問です。

「ありますか？」「はい、あります」
「○○ですか？」「はい、そうです」

このようにクローズドクエスチョンは、**相手が瞬時に答えやすいのがメリット**です。

相手にしてみたら、考えなくていいし、「はい」「いいえ」「あります」「ないです」と答えるだけで、たいして口を開かないままで済ませることができます。

数年間、営業トレーナーをしていたときに、延べ200人の営業に同行しました。さまざまなタイプの営業スタイルを研究できて、それが私の大きな財産です。

その200人の中でも、最も印象に残っている新人がいました。

転職してきたばかりの40代男性です。

車に同乗してお客様宅へ行くまでの雑談は楽しいものでした。

「お、売れる大型新人かも」と感じたのも束の間。

お客様宅では、お客様にしゃべらせたくないのかと思うくらい、延々とクローズドクエスチョンばかり。ですから、お客様が口にする言葉は「はい」、「そうです」くらいでした。そうしてほとんど話す機会を与えないまま、金額を提示します。

もちろんあっけなく断られました。そして車に戻り、車を走らせた瞬間、彼は言いました。

「今のお客さんは、ガードが固かったですね！　あれじゃ誰が言っても売れないですよ」

その言葉に腰が抜けるほど驚きました！

「ガードを固くしていたのはあなたですよー！」と心の中で叫んだことを覚えています。

一方、②は**答えを限定しないで引き出していく質問**です。これを**オープン・クエスチョン**といいます。

オープンクエスチョンのメリットは、相手が自由に答えられるため、会話が広がりやすいことです。また、相手の話に興味を持っていることを示すことができるので、信頼関係を築きやすいです。例えば『どんなお仕事をされていますか？』とその新人が聞くことからはじめていたら結果はちがっていたかもしれません。

オープンクエスチョンの質問だと、自由に答えられるため、会話が広がります。

16

オープンクエスチョンを使いこなせば、会話を無限に広げられます！

17

うまく雑談できる人は質問ボメを使い できない人は「すごいですね！」とほめる。

「松橋さんって、文章がうまいですよね」

「いえいえ、そんなことはないですよ。村上春樹とかに比べたら私なんてぜんぜんです」

失礼しました。実際には村上春樹と比べたことなんて一度もありません。

ですが、こんなふうにほめられたら、ついつい自分を落としてしまうというのが日本人の性かもしれません。

ほめる側としては、「松橋さんに喜んでほしい！」と思ってほめてくれています。

でもこのほめ方だと、謙虚さを見せたくなり、否定してしまいやすいのです。

そこで、もっといいほめ方をご紹介します。
それが**質問ボメ**です。

これは潜在意識の活用方法スキルの中の、**前提を埋め込む**スキルを応用しています。

「前提を埋め込む」とは、**それがすでに当然であるかのような文脈にする**ということです。

営業の場合なら、

「それではこの商品を申し込みされますか」とストレートに迫ると、

「いえ、よく考えてから返事します」と断られやすくなります。

そこで

「それでは商品を使うとしたら、松と梅のどれがいいなと思いましたか？」

「そうですね、どうせなら松ですね」

「でしたら金額は○○円です。一括払いと分割払いでしたらどちらがよろしいですか？」

「じゃあ、一括払いで」

「承知しました。ではこちらの申し込み用紙のご記入ですが……」

このように「すでに申し込みを決めているでしょ」という前提を埋め込んで話を進めて

いく話法は、決断のストレスを感じさせません。訓練を積んだ営業ならみんながやっている話法ですので、普段から使いこなせると、コミュニケーションがスムーズになります。

「松橋さんって、文章がうまいですよね」

これを次の様に変えてみましょう。

「松橋さんって、**どうしてそんなに**文章がうまいんですか?」

この言い回しは、「すでに文章がうまいのは当然のこと」を埋め込んでいます。そして言われた方の意識が向くのは、「どうしてうまいのか?」という質問の方です。

この質問をされると**自動的に「うまい理由はなんだろう?」と検索を始めてしまい、謙遜へ意識が向かうことがなくなります**。

「そうですねえ。山口拓朗さんの本で勉強したのが大きいですね。あとは本を何万冊も読んできたからですかね」

ついついこのように、謙遜をする余裕もなく、「文章がうまい」というほめ言葉は素直に受け取ってしまうのです。

17
「どうしてそんなに○○なんですか？」を口ぐせにしちゃいましょう！

「どうしてそんなに○○なんですか？」

ほめる際には、この基本形を駆使しましょう。

ほめることは、相手とのコミュニケーションを活性化し、より良い関係性を築くための有効な手段です。

このテンプレートを使って相手をほめつつ、さまざまなノウハウを教えてもらってください。

お互いに、とてもいい関係が築けるでしょう。

18

うまく雑談できる人は相手の動きと声を観察し、できない人は言葉の内容だけを聞く。

コミュニケーションが苦手な方は、理論的で左脳的な人に多いです。

メラビアンの法則を紹介しましょう。これは、カリフォルニア大学の心理学者であるアルバート・メラビアンが提唱した概念です。

「感情や気持ちを伝えるコミュニケーションをとる際、どんな情報に基づいて印象が決定されるのか」ということを検証した結果、次の割合が示されました。

視覚情報：55％
聴覚情報：38％
言語情報：7％

この法則によると、コミュニケーションでの情報の伝達では、視覚情報が最も大きな割合を占めています。

たとえば、次のような場面を体験したことある方は多いでしょう。

あなた「さきほどは申し訳ありませんでした」
上司「いや、もういいよ、気にしていないから」

この上司の「いや、もういいよ、気にしていないから」というときの表情が、にこやかな笑顔だったら、本当に気にしていないだろうと安心できます。

ところが、「気にしていない」といいながら、こちらをにらみつけたあと、眉間にシワを寄せ、不機嫌そうな表情をしていたとしたらどうでしょう？　言語情報よりも視覚情報を優先して、「本当は気にしていて、きっと怒っている」と判断するでしょう。

表情や声のトーン、ジェスチャーなどの非言語的な情報は、コミュニケーションにおいて重要な役割を果たします。

しかし、理論的な人や左脳的な人は、このような非言語的なコミュニケーションを無視する傾向があります。言葉だけで理解したつもりになり、その結果、空気が読めない人と言われてしまいます。では何をどのように観察をすればいいのでしょうか？

それは、視覚情報と聴覚情報の２つの情報を、しっかりと観察することが必要です。

●視覚情報を観察する

・呼吸（浅い・深い）
・表情や顔色（目の動き・視線の方向・まばたき、眉毛の動きなど）
・手足の動き（手や足の動きがあるか？　腕組みをしているか？）
・身体の揺れ
・うなずき方のテンポ
・筋肉の状態（肩の緊張度はどうか？　こわばりがあるか？）

●聴覚情報を観察する

・声のボリューム
・声の高さ（緊張度を確認する）
・声のテンポ（速い・遅い・間）
・語尾の変化
・口数（多い・少ない）

このように、言葉そのものよりも、むしろ非言語コミュニケーションの観察が重要です。しっかりと視覚情報を観察して、聴覚情報に耳を向けることで、雑談力は磨かれます。

18 非言語的なコミュニケーションから本音を見抜こう！

19

うまく雑談できる人は5W2Hを捨てて聞き、できない人は5W2Hを質問する。

「聞いてよ、このあいだ夫が怒鳴り散らしたんだよ」

雑談中に唐突に相手が言い出しました。

なんのことかわからないので、正確に話を理解しようとして質問をしてしまいます。

「いつのこと？」「場所はどこで？」「なんで？」

すると、相手がイライラし始めて、「もういい」と会話をやめてしまいました。

雑談が下手な人は、このように、正確に話を聞かなければいけないと思って、５Ｗ２Ｈを繰り出してしまいます。

・Who　「誰が？」

・When　「いつ？」

・Where　「場所はどこ？」
・What　「何にたいして？」
・Why　「なぜ？」
・How　「どのように？」
・How many　「どれくらい？」
・How much　「いくら？」

5W2Hは、情報伝達には欠かせません。しかし、このビジネスライクな正確な情報伝達を、プライベートに持ち込むと、**共感がおざなりになってしまう**のです。

雑談で話すことに、正確な情報は不要です。

悩んでいる人は、まずは気持ちを聞いてほしいのです。

相手が、感情に浸って話せば話すほど、主語や述語が省略されて、正確な情報として受け取るのは厳しいです。ですから、5W2Hを駆使して訊きたくなるでしょう。

「あれ？　今の話は誰が言ったのかな」

「怒鳴り散らしたのは、自宅の居間かな？　それとも外食中かな？」

「何を言ったのかな？」

ですが、不明な部分を知りたくなる欲求を抑えて、ひたすら**相手が話したいことをきくのが雑談上手**です。５Ｗ２Ｈを使わずに聞くと、４つのメリットがあります。

①共感力が高まる
内容にこだわらずに聞くと、相手の感情をしっかり受け取ることができるようになり、共感力が高まります。

②発想力が広がる
５Ｗ２Ｈを使わないで雑談をしてみると、固定観念から解放されて自由な発想が生まれやすくなります。従来の枠にとらわれないアイデアや、革新的な解決策が生まれる可能性が高くなります。

③新しい気づきを得られる
意図的に情報を制限することで、普段は見過ごしてしまうようなことに気づけるようになります。固定観念から脱却し、視野を広げる効果が期待できます。

④ 沈黙がうまく使えるようになる

あれこれ質問をしないということは、沈黙を駆使する時間が増えるということです。するど相手がより深く考える手伝いができます。

一方で、5W2Hを使わないコミュニケーションは、誤解が生まれやすくなります。すると、こちらの勘違いなどから、混乱が生じる可能性もあります。ですので、**目的や意図を明確に**しておきましょう。

また、相手が**話し終わるまで質問を控えて、話し終えた時点で5W2Hで情報を補足することです。**

状況や相手に合わせて適切に利用することで、より効果的なコミュニケーションを実現することができます。

19　正確に聞き取ろうという欲求を抑えて、感情を受け取る事に集中しよう！

20 うまく雑談できる人は本音を引き出す質問をし、できない人は表面的な言葉だけ聞く。

「夫が何を考えているのかわからない」「彼がどうしたいと思っているだろう」という悩み相談は、途絶えることはありません。

そんな方には、このようにお答えしています。

「相手の心をいくら想像してもわからないです。相手に聞く以外に方法はありません」

「いや、そんなことを聞いたって、本心はわからないでしょ」

「それは質問しだいです。**的確な質問をして深堀り**をすれば、考えていることをある程度確認できますよ。嘘を言っているのがわかるくらいの観察力は、ちょっとしたトレーニングで身につきます」

相手の心が読めたら、どれだけ人間関係が楽になるだろうと思っている方は多いでしょう。

そこで例として、「つきあっている男性が、結婚をどう考えているか気になる」という悩んでいる女性のパターンで質問方法を紹介してみます。

①オープンクエスチョン

「ねえ、私たちの結婚について、どんなふうに考えてる？」

「そうだなあ。もうちょっと落ち着いたら考えたい」

彼はどうやらあいまいにして終わらせたいようですが、ここから深堀りです。

②深掘り質問

「落ち着いたらというと、具体的にはどんなことが落ち着いたら？」

「今やっているプロジェクトが落ちついたら考えたい」

「そうなんだ。結婚するとプロジェクトも含めて仕事にどんな悪影響があるの？」

「そういうわけじゃないけど」

「結婚が、仕事に対してどんな影響があるのか教えて？」

「うーん、そうだな……」

「じゃあ、今結婚をしたくない理由は、仕事以外の理由でどんなことがあるの？」

「……（沈黙でも、口を挟まないで待つ）……やっぱり経済的に養えるか不安で」

「なんだ、それなら大丈夫だよ。私も働くし、二人でならどうにかなるよ」

このように、**「どんな」をつけて質問を重ねていく**と深堀りができるようになります。

③沈黙

本音をなかなか出さない相手に対して、さらに有効なのが沈黙スキルです。

質問のときに、長い沈黙を駆使すると、相手がいろいろしゃべるようになります。

先ほど紹介したように、**「どんな？」を使った質問をしたあとは、沈黙**します。

一般的には質問をしたあとに、すぐに回答がこないと後追い質問をしたくなります。

それをグッとこらえて、**相手が口を開くまで待ち続ける**のがコツです。

すると、普段なら出てこないような本音を話し出す事が多くなります。

もうひとつ、沈黙の時間についてアドバイスしておきます。

相手が話し終えたら**最低でも2秒の間を開けてから、次の質問**などに移ります。

さらに本音を聞きたいなら、相手が話し終えてから、5秒の沈黙を挟んでください。

沈黙を使いこなすのがプロの聞き手の技術です。

ほんの2秒でも沈黙を挟んでいくと、本音は言わないでやり過ごそうというのがとても難しくなります。

沈黙の力で、ついついポロリと話してしまうものなのです。

質問と沈黙を使いこなして本質に迫っていくと、「こんなことを人に話すのは初めてなんだけど」という言葉を聞けるようになります。そこにたどりつく頃には、相手の心の支えになっていることでしょう。

20
本音を聞きたいなら5秒の沈黙！沈黙を使いこなして本質を引き出そう！

21 うまく雑談できる人は相手に合わせ、できない人は自分らしく対応する。

信頼関係を築くためには、**ペーシング**という心理技術が不可欠です。ペーシングとは、相手のペースに合わせることをいいます。聞く技術というよりも、「相手の波長に合わせる技術」「エネルギーを合わせる技術」という方が正確です。

ペーシングには3つの要素があります。**言葉**、**声**、**ボディーランゲージ**です。

① 言葉のペーシング

相手の言葉をリピートして、そのままオウム返しをする方法です。

「この前さ、浅草に遊びに行ったんだよ」

「へぇー、浅草に?」

「そうそう、雷門の提灯、大きくてびっくりしたよ」

「へー！　そんなに大きいんだ!?」

大事なのは、**相手が話したいことを邪魔しない**ことです。そのためにも自分の言葉に言い換えたくなる衝動と、あれこれ質問をしたくなる衝動を抑えることです。相手の言葉をリピートして返していると、この2つの衝動を自然に抑えることができるようになります。

②声のペーシング

声の要素は、「声の大きさ」「声の高さ」「声のテンポ」があります。

相手が声を張って話しているのに、こちらがボソボソ話したら音量がずれています。

また、声の高さも合わせます。そのため、相手と同じ音程で話すようにしましょう。

一番大事なのは、声のテンポ合わせです。相手が早口なら早口で、ゆっくりのんびり話す人ならゆっくりのんびりのテンポで話します。このように、相手に合わせた相づちや話し方をしていると、自然に相手は饒舌になっていきます。

③ボディランゲージのペーシング

3つ目のペーシングは、ボディーランゲージです。

ペーシングの技術の中では、言葉や声よりもはるかに影響力があります。

オウム返しはバッチリ。声の大きさ、音程、テンポもバッチリ合わせている。

でもずっと目を合わせず、表情も変えず、うなずきもしないと、話す気力を奪います。

まずは**呼吸を合わせましょう**。かなり高度な技術ですが、相手の呼吸に合わせて、自分の呼吸をコントロールします。次に、姿勢、手の位置、足の位置、重心、身体の揺れ方などを観察して、合わせていきます。


そして一番やってほしいのが、**アゴのペーシング**です。相手が話しているときのアゴの動きをよく観察してください。話しながら、アゴが自然に動きます。

アゴの動きが早い人、ゆっくりな人、ほとんど動かない人のどれか？　アゴの動きは、何ミリ、何センチくらいか？　どんなタイミングでアゴを動かすか？

動きを観察したら、同じ動きをします。相手の動きが早くて大きい人なら、同じ速さで大きさも同じにします。そして大事なのは、相手が話し終えて沈黙になったら、こちらも沈黙して動きだけ合わせます。

これがピッタリ合ってくると、オウム返しを入れなくても、不思議なことにべらべらしゃべってくれるようになります。

初めてこれを学んで、営業の場面で使ってみたら、まるで魔法にかかったように、お客様がべらべらしゃべり出すので、とても驚きました。

これらの技術をベースにして、他の数々のスキルと組み合わせていったなら、あなたは雑談の達人へどんどん近づいていくでしょう。

21 ペーシングは、相手がベラベラしゃべりだす魔法です！

22 うまく雑談できる人ははっきりと伝え、できない人は遠回しに伝える。

相手を傷つけないように遠回しな伝え方をして、結局相手が全然やってくれないという相談は多いです。相手もあなたと同じように、空気を読めるわけではありません。

例えば、こだわりが強い人ほど、雑談が苦手です。こだわりが強すぎるようなら発達障がいやグレーゾーンの方かもしれません。文部科学省のデータによると、1クラス6・5%が発達障がいとのこと。45人のクラスに3人の割合です。中でも、ＡＤＨＤやＡＳＤは、「社会性の障害」と「こだわり」の2つが特徴です。

他人の感情を読み取ることが苦手。

場の空気を読むのが苦手。

言葉そのものをまっすぐに受け取ってしまう。

このようなことから、周りとうまくいかないことが多いです。

物事に徹底してこだわり、切り替えることが困難なおかげで、一般人が到達できないところを超えていく人たちです。発達障がいの有名人といえば、スティーブ・ジョブズ、イーロン・マスク、ビル・ゲイツなどです。

私は人間の総合力は一定だと思います。与えられたパワーが１００あるとします。私は講師業に30、コンサル業に20、コミュニティ運営に20、ギターに20、その他10という感じ。でもスティーブ・ジョブズはおそらく、１００のうち99を仕事に投入していたのではないかと思います。それは彼の最後の言葉で想像できます。

「他の人の目には、私の人生は 成功の典型的な縮図に見えるだろう。しかし、仕事をのぞくと喜びが少ない人生だった。人生の終わりには、富など私が積み上げてきた人生の単なる事実でしかない。私がずっとプライドを持っていたこと、認められることや富は、迫る死を目の前にして色あせていき、何も意味をなさなくなっている」

成功者のシンボルであるスティーブ・ジョブズは、仕事以外の喜びが少ない人生だったと述懐しているのが印象的です。仕事の以外の喜びを失ったけれど、世界を変える力を手にしたわけです。何かを失っている代わりに何かを手にするという、トレードオフの関係です。

「夫や子どもが発達障がいで、共感してくれない」という方の相談も多いですが、うまくやれている方のお話を聞く機会も多いです。

発達障がいの夫とうまくやれている方がおっしゃっていました。

「結婚当初、配慮した言い方をすると、全然伝わらないのでケンカをよくしていた。それを繰り返しているうちに、ストレートに言うとちゃんとやってくれることに気づいた」

「夫に『普段接する人にも、自分が発達障がいだということを知ってもらうのがいいんじゃない？　自分は言葉で言われたことしか理解できないところがあるので、言いたいことはストレートに言ってほしいとお願いしておいたら？』と言ったの。そしたら、周りの人たちとのトラブルもずいぶん減ったみたい」

特に繊細な女性ほど、婉曲な言い方をしたり、非言語でのコミュニケーションに慣れているため、発達障がいの人には理解をしてもらいにくいようです。

しかし、発達障がいに限らず、**コミュニケーションが苦手な方と接するときには、やってほしいことや、してほしいことをはっきり言わないと伝わりません。**

ちなみにこれまで日本では、すべてを卒なくこなせる平均点人間が評価されてきました。学校教育は、もともとは軍人を育てるために導入されました。学校とは、命令に従順に従うことができる人を生み出す機関でした。その風潮がそのまま家庭にも伝わったため、親相手に自分の意見を口にしたり、自己主張をすることに怖れを持つ人も多いです。

しかし、ストレートに意見や主張を口にする有名人は、いつの時代でも支持を集めています。**自分の意見や主張を口にすることが、関係を深めていく上で不可欠**なのです。

22
はっきり伝えないとわからない人はとても多いということを知っておこう！

23 うまく雑談できる人は共感をみせて安全性を高め、できない人は視線をそらす。

「僕、タクシーに乗るとよく運転手に話しかけられるんです。そういえば人通りが多いのに、なぜかよく僕だけ道を聞かれます」

30代の友人がこんなことを言うので、

「ああ、君は感じがいいからそうなんだろうね。あっ、感じがいいというのは、どういうことだろう？　具体的に考えたことがないよね」

感じが悪い人といい人の条件を考えてみました。

まずは「感じが悪い人」の条件はどんなものでしょう。

最悪なのは、こちらの言う事にキレたり、否定をする人ですね。触ると危険なタイプです。

次に、こちらの話をまったく聞いてくれない人です。もっともわかりやすいのは、目を合わせてくれない人です。視線を合わせない人と話すのは、「お前の話はつまらないんだよ」というメッセージが送られているように感じてしまいます。

では「感じがいい人」はどんな条件になるでしょう。

一番は、よほど失礼なことをしない限り、キレたり否定しない人です。ちょっとやそっとでは不機嫌にならない人は、「感じがいい人」といえそうです。

次に共感性です。視線を合わせてうなずき、こちらの感情に共感してくれたり、察知をしてくれる人は、「感じがいい人」といえるでしょう。

これを論理的に表すのは、「**心理的安全性**」という言葉がぴったりだと思います。

「心理的安全性」とは、エイミー・C・エドモンドソン教授によって提唱された概念です。

具体的には、心理的安全性とは4つの不安がない状態といいます。

①無知だと思われる不安　「こんなことを聞いてもいいのだろうか？」
②無能だと思われる不安　「バカだと思われないだろうか？」
③邪魔をしていると思われる不安　「邪魔だと言われないだろうか？」
④ネガティブだと思われる不安　「ネガティブだと思われないだろうか？」

この4つの不安を与えないのは、次のような要素を持つ人だと考えられます。

・親しみやすそうな人
・やさしそうな人
・神経質でなく寛容そうな人
・怒りの沸点がとても低そうな人
・ポジティブそうな人
・楽しそうな人
・笑顔がすてきな人

では、これらの要素を持つ人が、具体的にどんな事をしているかというと、102ページで紹介した「ページング」をしっかりやっています。

私が京都旅行に行ったときのことです。京都駅から二条城までタクシーで行きました。運転手の世間話に共感スキルでつきあっていたら、運転手がノリノリになり、二条城の駐車場に着いたというのに、ドアを開けずにしゃべりっぱなし。5分ほど降車できずに話を聞かされてしまったことがあります。運転手さんはご満悦でしたからいいことをしたなと思います。よほど安心で安全で共感してくれる人と認定されたようです。

何を言っても怒ったり否定をしない、安心で安全な人かどうかは、共感力が土台になるのです。

23 共感スキルを駆使すると、自然に安心安全な人と認定されます！

24 うまく雑談できる人は共感し、できない人は同情をする。

「雑談がうまくなるポイントを一個だけ教えて下さい！」

もしこんな質問をいただいたなら、どれにしようか迷います。

やっぱり話題の選び方が大事？

それとも質問が大事？

自己開示が大事？

自虐ネタで盛り上げることが大事？

どれも大事ですが、やはり**雑談上手になるために一番必要な技術は「聞き方」**です。


私が営業会社に入社してからの数年間は、ずっと下位グループの営業でした。ところがカウンセラー養成講座で信頼関係を築く技術を学び、それを使い始めたら、たちまち全国のトップ営業に変貌できました。

売れなかったのは、信頼関係を築くために情報をたくさん伝えなければいけないと思っていたからです。

いかに業界で信頼されている会社であるかということ。扱っている商品が確かな評判を得ていること。

とにかく信頼していただくためのたくさんのアピールをしていました。

カウンセラーの学びをして驚きました。

深い信頼関係を、わずかな時間で築くためにしていることは「**とにかく聞く**」のみ。実際は、息を合わせたり、声を合わせたり、たくさんのペーシングで波長を合わせるのですが、単純に言うとただ聞いているだけ。

自己アピールすることもなくひたすら聞くだけで、相手との信頼関係を築けることを知り、雷に打たれたようなショックを受けました。

人に安心してもらうために必要なことは、素晴らしいトークをすることではありません。素晴らしい聞き方をすることだったのです。

ではその素晴らしい聞き方とは何でしょう?

話の内容をしっかり聞くことではありません。**相手の感情をしっかり受け取る**ことです。いわゆる共感です。

共感というと勘違いする方がいます。「あー、それはかわいそうに」と相手を思いやったように使う人がいますが、これは同情という聞き方です。自分の体験に照らし合わせた結果、上から目線で見下しているのと同じです。

一方で、「あー、そうだったんだ! わかるわかる」というのが共感的な聞き方だと思いこんで使っている方も多いです。しかし、あなたの体験に照らし合わせてわかったつもりになったとしても、他人の体験と感情を同じく体験することは不可能です。それを考えると、軽々しく「わかる」などとは言えないのです。

私の親が亡くなったとき、お悔やみの言葉をたくさんいただきましたが、違和感を感じる言葉もありました。

「私も親を亡くしたのでお気持ちはわかります。気を落とさずに……」

この文言を見たときに、親を亡くしたばかりの私は、「いや、亡くなるまでの過程とか違うし、親との関わり方も違うだろうし、あれこれ罪悪感も、離れて暮らしていた私の気持ちがわかるわけがないと思うよ」と心の中でツッコミを入れたのを覚えています。安易に「わかる」という言葉は使わないことです。

では本当の共感とは、相手がどんな気持ちなのかを知ろうとする聞き方です。

「そうなんですね。あなたは○○な気持ちなんですね」

その際に、自分の体験と比較する必要はありません。あくまで**相手の体験と気持ちに集中して聞く**ことです。共感して聞いていくと、相手の真実に触れた言葉が、あふれ出てくるようになります。

24 同情と共感の違いを理解しよう！

第 4 章

信頼される「話し方」編

25

うまく雑談できる人は絵が見える話をし、できない人は理論的な説明だけをする。

人の心を動かし、イメージを与える言葉を使いこなせたらいいと思いませんか？
私はＮＬＰを学ぶことで、その本質をつかめたように思います。
私たちがどのように世界を認知しているのか？
どのようなシステムで脳に記録されるのか？
そのシステムは、五感で構成されています。
改めて五感を紹介しましょう。

視覚・・・Visual
聴覚・・・Auditory
触覚・・・Kinesthetic

嗅覚・・・Olfactory
味覚・・・Gustatory

海といえば、何をイメージしますか？
①「青い海、白い砂浜、大きな雲」
②「海辺で遊ぶ人達の声、ザザーと岩に打ちつける波の音」
③「潮の匂い、裸足で感じる砂のやわらかさ」
この3つの中で、①を選ぶ人は視覚優先（V）、②は聴覚優先（A）、③は身体感覚優先（K）となります。


雑談がうまい人は、**聞き手の心に「絵」を描く**ことができます。

お笑い芸人の千原ジュニアさんは、「おもしろい話をするコツはなんですか？」という質問に対して、

「自分の頭に浮かべている映像と同じ映像を、聞いている人に浮かべさせること」

この回答から、千原ジュニアさんは、視覚優先タイプだと思われます。

デザイナーや画家、ファッション関連、美容関連の仕事の人も、視覚優先タイプだと思われます。そのような方には、視覚的な言葉を使って、リアルな視覚イメージを与える事が必要になります。

- (見) 見える、見つめる、見通す、下見、見解、見晴らし、見張る、先見の明
- (目) 注目する、目に余る、見る目がある、一目瞭然
- (視) 視点、視野、視る、視力、視察、視界、監視、注視、無視、視聴
- (観) 楽観、悲観、観察する、観光、観測、観賞、観念、観点
- (面) 場面、側面、表面的、面倒、面白い、面影、多面的、面子
- (明) 明確、明細、明快、明暗、明白、明瞭、透明性、明るい、明らかにする
- (暗) 暗示、暗闇、暗黒、暗い、まばゆい、かすんだ、くっきり
- (広・拡) 広大、広告、広まる、広義、拡散、拡張、広い視野、拡大解釈
- (白と黒) 白紙撤回、白黒つける、空白、腹の中が真っ黒、黒字、黒歴史

・（赤と青）赤字、顔が真っ赤、赤っ恥、顔が真っ青、青二才、青天の霹靂
・（その他の色）金の卵、色がついてる、その件はグレー
・（イメージ系）イメージする、想像する、描写する、描写、絵を描く、心に描く
・（その他）フォーカス、焦点、ピンポイント、暴露する、展望、ひらめき

視覚的イメージの言葉を使いこなせるようになっていくと、自分の想いが伝わりやすくなり、相手の心を動かすことができるようになりますよ。

25
視覚的な言葉を使って、相手の脳の中に映像をつくろう！

26 うまく雑談できる人は聴覚イメージを使いこなし、できない人は誰にでも同じ言葉を使う。

前項で「イメージ」を与える言葉についてお伝えしました。

ところでこの「イメージ」という言葉を、多くの人は「視覚イメージだけのこと」だと誤解しています。

五感というくらいですから、視覚イメージだけでなく、聴覚イメージ、触覚イメージ、嗅覚イメージ、味覚イメージと、イメージには5つあります。

先ほど紹介した**視覚優位のタイプ**の特徴をお伝えしましょう。
・視線は上方に向きがち
・身なりはきちんとしている
・整理整頓を心掛けている

・物を記憶するときには絵にして覚える
・周りの音に気持ちを乱されにくい
・話がよく飛ぶ
・言葉で出される指示を覚えにくい
・見かけを大事にし、外見に心を動かされやすい
・早口で話す

このような特徴に比べると、**聴覚優位タイプ**の特徴は大きく変わります。

・目を左右によく動かす
・言葉を大切にする
・理論的である
・雑音があると集中できない
・言葉で伝えられたことを、そのまま繰り返すことが容易にできる
・聴いて学習することが得意
・音楽を聞くのが好き

・電話で話したりすることが好き
・音に関する言葉で表現する
・話し方は落ち着いている
・数字やデータで分析するのが得意

アナウンサー、営業、講師業、著述業など、口にする言葉や書く言葉に人並み以上に敏感な仕事をしている人たちは、聴覚優位が多いです。聴覚優位の人たちには、次のような聴覚的な言葉を使うことで、よりイメージが伝わりやすくなります。

・(話)話術、談話、会話、対話、訓話、逸話、実話、秘話、童話、寓話、話題
・(聞)見聞、伝聞、内聞、聴聞、前代未聞、旧聞、醜聞、異聞、艶聞
・(聴)聴覚、聴聞、聴取、聴講、聴衆、視聴、拝聴、傍聴、傾聴、静聴、盗聴、難聴
・(言)言質、失言、宣言、格言、金言、方言、苦言、助言、提言、暴言、名言、伝言
・(評)評価、評判、評論、酷評、寸評、総評、批評、悪評、好評、定評、風評

・（論）持論、異論、正論、公論、世論、教育論、理論、論点、論じる
・（調）口調、単調な、調和、強調、調子を合わせる、ハーモニー
・（響）響き、音響、残響、反響
・（鳴）鳴る、共鳴する、怒鳴る、鳴り響く
・（黙）黙る、沈黙、寡黙、黙して語らず
・げらげら、ぺちゃくちゃ、ざあざあ、がちゃん、ごろごろ、ばたーん、どんどん、きらきら、つるつる、さらっと、ぐちゃぐちゃ、どんより、うろうろ、ふらふら、ぐんぐん、ばたばた、のろのろ、ぼうっと

このような聴覚の言葉を使いこなすと、聴覚優位の人たちとも調子が合って、心に響く会話になるでしょう。

26
聴覚優位の人に伝わる言葉を使いこなそう！

27

うまく雑談できる人は体感覚イメージを使いこなし、できない人はデータで説明する。

視覚、聴覚、触覚、嗅覚、味覚の五感のうち、触覚、嗅覚、味覚の3つは、いずれも直接身体に関わるものです。なので、この3つをまとめて「体感覚」と呼びます。

体感覚優位の人の特徴は次のようなものです。

・視線は下方に向きやすい
・動くスピードはゆっくり
・具体的に感触や触れ合いに反応しやすい
・視覚優位の人よりも、人との距離が近い
・書くことで手を動かして物を覚えるのが得意
・声のトーンは低めで、落ち着いた話し方をする

・感じながら話すので、話すテンポはゆっくり
・早口でたくさん話されると、情報処理がついていかないことがある

体感覚イメージの言葉は次のとおりです。

・(触覚) 触る、扱う、接触させる、押す、擦る、堅い、温かい、冷たい、粗い、捕まえる、押し、圧力、敏感な、歪み、手応えのある、緊張、感触、固まった、柔らかい、掴む、握る、創る、堅固な、重い滑らか、苦しむ、感じる、把握する、頭に入る、腑に落ちる、取り上げる、やり取りする、踏まえる、行動する、進歩する、実演、実感、感触、警戒、バランス、手探り、姿勢、プレッシャー、我慢、手がかり、やり手
・(嗅覚) 香り、におう、悪臭、芳香
・(味覚) 苦い、酸っぱい、しょっぱい、甘い、おいしい、ガツガツ、ほわっと、まったりとした味わい

以上のような体感覚の言葉を使いこなしていくと、体感覚の人の心をつかみやすくなります。

私の20年近くの講師業の経験値でいうと、女性は圧倒的に体感覚優先の方が多いです。たいてい、体感覚優位で感性が豊かな女性が、パートナーとして選ぶ男性は、理論的な聴覚タイプが多いようです。出会った当時は、自分にはない魅力を感じるわけです。ところが、付き合って数年経つと、「相手のことが全然理解できない。理解もしてくれない」という不満が勃発します。

その問題をこの3つの優位タイプに照らし合わせて考えてみると、うまくいかない理由が簡単にわかります。優位感覚が違うと、まったく違う言語を使う違う国に住んでいるのと同じような状態なのです。同じ日本語を使っているので、日本語が伝わっているとお互いに思っているのが大きな間違いです。

ママ「ねえ、パパ、あの相談した件はどう？」
パパ「ママはどう思うんだ？」
ママ「私はA案だと、なんか嫌な感じがする、他の感じがいい」
パパ「感じがいいとか悪いとか、それじゃわからないよ。オレは具体的な確率で考えたい。数字で分析したらAがいいに決まってる」

これは、体感覚優位のママと、理論的な部分が強い聴覚優位のパパとのすれ違いです。

体感覚優位の人は、「こんな感じ」「あんな感じ」と、「感じ」という言葉を多用します。

でもそれだと、視覚優位や聴覚優位の人には何も言っていないことと同じです。

逆に理論やデータを並べても、体感覚優位には、体感覚イメージの言葉を使わないと理解してもらえません。

このように、タイプが違うということは、違う国の人同士で会話をしているようなものです。

27 体感覚優位の人に刺さる言葉を使いこなそう！

28

うまく雑談できる人はポイントだけを話し、できない人はだらだら前置き症候群になる。

こんな質問をすると、ひとつひとつの出来事を順を追って、ていねいに報告をしてくれる人がいます。

「○○はどうだった？」

実は会社員時代の私もそうでした。

「話が長い」と何度注意されても、報告が長くなってしまいます。

できるだけ要約して話しているつもりなのに、なぜ前置きが長くなってしまう。

本題に行き着くまで時間がかかる。

ようやく本題に入ったと思ったら、周辺情報を細かく説明したりする。

「あれ、どっちだったかな？」などと迷走しはじめる。

すると、目の前の人がいらつきはじめる。

するとますます、「ていねいに話さないと！」と焦った気持ちに拍車がかかります。

そんな悩みをもつ人のために、ポイントを押さえた話し方をするためのコツをいくつか紹介しましょう。

まずは、**話をする上での着地点を明確にする**ことです。どんな反応を取りたいのか、目的を明確にします。

そして、**伝えるべき主張を3つに絞ります**。

ポイントを3つに絞ったら、**それぞれの根拠を用意**します。

突然質問されたときも、この順番に沿って話してみてください。そうすると、スッキリと伝わりやすい話ができるようになるでしょう。

なぜこんなふうになってしまうのでしょう？

こういった状態になってしまうのを私は、「だらだら前置き症候群」と名付けました。

「だらだら前置き症候群」の原因の多くは、幼少期にあります。

私の心理療法養成講座の受講生の方が、教えてくれました。

「私は前置きが長いと言われます。『要するに何なんだ？　ポイントを話せ』と夫によく言われるんです。

その理由ですが、この講座では自分の過去を見つめる機会が多いので気づいたことがあります。うちの母は説教がとても長かったんです。

ちょっとした言い間違いをしたり、何か省いて話すと誤解されてよけい怒られる。そんなことがひんぱんにありました。

ですからとにかく、何か報告をするときには、揚げ足を取られないように、ミスをしないようにと、ビクビクしながら念入りに話をするのが習慣になってしまったのかもと思います。40年前のことですが、今も影響しているんだなあと今、気づきました」

しっかり説明をしないと、親や兄や姉から怒られてしまう環境だった。

そんな環境で過ごした方は、話が長くなるのも当然ですね。

特に親が、過干渉で不安気質の高い場合、子どもも不安気質が高くなります。「ミスしないように、間違わないように、そして怒られないように」と、ていねいすぎるほどに話が長くなってしまうのです。

そういった人は、ミスは少ないのでしっかりしていると周りから評価されます。そのイメージを守ろうとして、ますますミスを怖れるようになったりもします。

自分の不安はどんな体験からきているのか？

特に幼少期での親との関係を見ていくのをおすすめします。

セルフカウンセリングするとしたら、「自分を止めているものはなんだろう？」と質問をしてみましょう。

出てくる言葉をどんどん紙に書き出していくことで、気づきが得られるかもしれません。ただし、自分でなかなか見ることが難しい方がほとんどですから、このあたりの深い部分は、心理カウンセラーに引き出してもらうのがおすすめです。

28
「自分を止めているものはなんだろう？」この自問自答で自分のブレーキを外そう！

29 うまく雑談できる人はキャッチコピーを意識し、できない人は凡庸フレーズを使う。

話をしていて、惹きつける話をする人と、つまらない話をする人の違いは何だと思いますか？

私は**キャッチコピー力**の違いだと思います。

話を聞いていて、「あ、おもしろそうだな」「詳しく知りたいな」と思うのは、キャッチコピーが秀逸だからこそです。私が30冊を超える書籍を出版し続けられているのも、私のキャッチコピー力のおかげだと思っています。

例えばこのページのタイトルは、「うまく雑談できる人はキャッチコピーを意識し、できない人は凡庸フレーズを使う」となっています。

もし、「うまく雑談できる人は相手の興味を惹きつけることを意識し、できない人は興味を惹きつけない」だとしたらどうでしょう？
「まあ、そりゃそうでしょ」で終わってしまいます。
では、どうしたらよくなるかといえば、まずは凡庸フレーズを知ることです。

●凡庸フレーズ集

- 人間誰しも、未来を切り開く、可能性の扉を開く、人と人をつなぐ、夢を叶える、自分を活かす
- 自分を大切に、風のような爽快感、山のような安定感、海のような大きさ、世界の平和のために
- ものの見方を変えると人生が変わる、感謝が大事、健康が一番、可能性は無限、人を笑顔にしよう
- あきめなければ夢は叶う、何事も経験、前向きに考えよう、地道に、コツコツと、凡事徹底、愚直に
- 幸せ、ハッピー、元気、成功、貢献

これらのフレーズや単語は封印して、一生使わないと決めていただきたいくらいです。

といっても、私がSNSで友人の投稿やコメントに反応するときには、「感謝です」「祈ってます」「楽しみにしています」と、凡庸フレーズで社交性を発揮しているのは見逃してください（笑）。


話していておもしろい人たちは何が違うのでしょうか？

ポイントは「え？　何それ？」という引っ掛かりをつくることです。

フックといいますが、素通りできないフレーズや言葉を使ってフックを作るように意識します。いくつか紹介しましょう。

①新しそうに見せる

新しそうに見えるような表現をします。最新、新製品、新型、新方式などの単語と組み合わるといいです。たとえば、「今まではなかった」と言われたら、私はすぐに飛びついてしまいます。

②常識の逆をつく

一般的に言われていることの逆のことを言いましょう。すると意外性とインパクトを与えることができます。

『一期一会は大事にするな』『英語は絶対勉強するな！』『沈黙営業術』など、一般常識の逆をついたフレーズは、その理由を知りたいという感情を動かします。

常に、「このフレーズは凡庸でないだろうか」と考えて、話したり書いたりしていくと、あなたの人生は大きく変わります。

29

凡庸フレーズを一生使わないと決めたら、あなたも雑談の上級者です！

30 うまく雑談できる人は悩みを聞き続け、できない人はよけいなアドバイスをする。

講師業をしていて最も多いのが、パートナーについての悩み相談です。「相談してもちゃんと聞いてくれない」と悩んでいる人が多いのです。「私と相手の価値観が違いすぎる！」と訴える人がほとんどです。

あるときパートナーが言い始めました。「ちょっと聞いて、上司がひどいんだよ」

私は「ああしたほうがいい、こうしたほうがいい」と熱心にやり方を教え始めました。

するとパートナーは、「私が言いたいことはそうじゃない！」と怒ってしまいました。

私は今まで数万冊の本を読んできましたが、すぐに役立った本を1冊紹介するとしたら、『ベストパートナーになるために』ジョン・グレイ著（三笠書房）をおすすめします。

いつも野球中継に集中していた私を見て、パートナーが言いました。

「ほんとうに野球が好きなんだね」

「いや、それほど好きじゃないよ」

「ええ！　ずっと見てるのに？　なんで好きじゃないのに、ずっと見てるの!?」

「そう言われたらそうだな、なんでずっと見てるんだろう？」

考えてみれば、私は野球やサッカーをそれほど好きなわけでもないのに、なぜあんなに集中して見ているのだろう？　自分でも不思議に思っていましたが、『ベストパートナーになるために』を読んで謎が解けました。


「そもそも、男は火星人で、女は金星人だった。

遠い昔のある日、火星人たちは金星人を発見した。彼らは、初めて見る〝異星人〟の魅力にひと目でとりつかれ、ただちに金星へと飛んだ。金星人たちは、彼らを大歓迎してくれた。やがて、彼らは地球に移住することを決めた。地球に移住したあと、お互いが異なった天体からやってきたこと、根本的な違いがあることをすっかり忘れてしまったのだ。その日から、男と女の闘いが始まった」

こんな書き出しから始まります。付き合い始めは異星人だと認識していたのに、付き合い続けるうちに根本的な違いを忘れて、「相手はなぜ自分と同じようにしないのか」となり、そこから闘いが繰り広げられたというのです。

ジョン・グレイいわく、男女間での違いで最も大きいのは、ストレスの対処法だと言います。

男性にとって、悩みをパートナーに相談するなんてとんでもない。なぜなら恥だからです。自分の心の中に穴をつくり、その穴に引きこもります。その穴の中で問題解決に集中して、そのことばかり考えます。何をしていても「心ここにあらず」という状態になります。パートナーとはまともな会話が成り立たなくなります。

悩みを忘れたいために、ゲームに熱中したり、スポーツ観戦に集中します。気晴らしをしているうちに、問題しか見えなかった状態から抜け始めます。するとようやくパートナーとまともな会話ができます。

30 男性はアドバイスを欲しがり、女性はただ共感を欲しがる！

女性は、問題に関する話をして、問題をわかちあうことで、ストレスの回避をします。ですから、「悩んでいるのにどうして相談してくれないの？　私を信頼してないの？」などと感じることがあります。感情をさらけ出すことができるのが信頼関係だからです。

男性なら、悩みを口にするのは「アドバイスをください」というサインです。一方、女性の場合は、悩みを口にするのは共感がほしいからです。

この違いが、男女間のトラブルを生み出してしまうのです。

アドバイスをしないで共感する。この鉄則を常に守れば、パートナーシップの雑談もバッチリです。

31 うまく雑談できる人は目上にはトレンドの話をし、できない人は相手にあわせた話題にする。

「目上の人や年上の人とは、何を話したらいいか、さっぱりわからなくていつも困ります。どうしたらいいですか？」

こんな質問をいただくことがあります。

若い世代にとって、目上との付き合い方はいろいろと神経を使うことでしょう。

通常のアドバイスであれば、「しっかり傾聴スキルを使って話を聞いてください」となります。

ですが、私の実体験で言えば、それは相手にとってつまらないことが多いです。

交流会などで20代の人と名刺交換をすると、当然ながら私の専門分野の話や著書の話題になったりします。

「心理学ですか！　興味あります！」と言われても、交流会という場で、相手のレベルも聞きつつ、それに合わせて専門分野の話をするのはおっくうなものです。

「コミュニケーションが苦手だという方は多いんですが、スキルを学ぶことと、ビリーフの解除が大事なんですよ。というのも、親との関係で作ってしまったビリーフが土台になっていて、うまくいかないんですよね……」

などと、仕事で何度も話しているコンテンツを、雑談の場で披露しても、雑談にはふさわしくありません。相手の専門分野を熱心に聞いて人間関係を築くセオリーは、年配相手の場合は微妙です。それよりも、年配としては、しっかり聞いてくれるよりも、若い人から刺激をいただきたい人も多いです。

ある飲み会で隣の席に座った20歳の方と話していたら、大学生だけどＳＮＳでの動画の制作代行をしているというのです。なぜその仕事を始めたかを聞くと、視聴回数が１００万を超える動画をつくったのがきっかけで、動画コンサルをスタート。

大学生ながら、毎月サラリーマンの月給くらいを稼いでいるとのこと。

動画づくりがとても楽しいらしく、スマホ片手にいろんなコツを教えてくれました。私の世代では考えられない考え方やコツなども教えてくれました。

さらにプライベートの過ごし方も、私くらいの世代とはまるで違うようでした。違う文化に触れられた喜びはとても大きかったです。


目上や年上と話をするときには、**若者世代で流行していることや、最新のトレンドや、若者世代の文化に関することを話したほうが喜ばれる**ということです。

ＳＮＳで情報の共有化がされるようになったとはいえ、年齢が上になればなるほど、若い世代との情報の断絶は大きいです。


そもそも年配者と若者では、使うＳＮＳが違うことも多く、年配はどうしても若者のトレンドにはうとい状態になりやすいです。ですから、若者世代のトレンドの話などは、とても興味深く聞いてくれます。

気兼ねなく、自分が熱中している話をしていきましょう。

若者が熱中していること、得意なこと、詳しいことは、きっと年配の方たちにとって、とても新鮮なことだと思います。そういった話を熱心にすることで、目上の人にとっても楽しい雑談タイムになるのです。

自分の話ばかりしすぎたなと思ったら、悩み相談を入れていくといいです。

「そうはいっても、人間関係って難しいですよね。先日こんなことがあって……」

そうやって悩みを差し込んでいくと、目上の人からさまざまなアドバイスがもらえます。

目上の人相手なら、傾聴するだけでなく、トレンドを教えてあげるくらいの気持ちで接して、悩み相談もしていくと、深い関係を築けます。

31 目上の人は想像以上に熱中している話に引きこまれる！

32

うまく雑談できる人は「具体的には？」と聞き、できない人は「人それぞれだから」と言う。

「やっぱり本を読むならビジネス書だね」

「いやいや、人生の幅を広げるなら小説に限るよ」


雑談で盛り上がっているときに、こんなふうに水を差す人がいませんか？

「まあ、人それぞれだから、とやかく言うのは違うんじゃない？」


ビジネス書を推す人も、小説を推す人も、人それぞれの好みや考え方があることは十分承知のはず。それを踏まえた上で雑談を楽しんでいるわけです。

それを一瞬で壊してしまう言葉が、「人それぞれ」です。

抽象度の高い概念を持ち出したら、雑談は続きません。

「お仕事は何をされているんですか？」

「はい、会社員です」

こちらも同様です。

「あまり話したくないのだな」と思われて雑談が盛り上がりません。


「課長、こんなときにどうしたらいいでしょう？」

「うーん、その時のケースによるね」

こんなことしか言わない上司も同様です。

聞いても当てにならないと思われて、相談されなくなります。


以上のように抽象度の高い話にしてしまうと、雑談は盛り上がりません。

雑談をうまくできる人は、具体的なエピソードや、事例を大事にします。

また、あいまいで抽象的なことを言われたら、具体化していく質問をすることで、話の取っ掛かりをつくり、話を広げていくこともできます。

聞き手「お仕事は何をされているんですか?」
話し手「はい、会社員です」
聞き手「会社員をされているんですね。具体的にはどんな?」
話し手「ええと、経理の仕事を」
聞き手「誠実な感じがまさに経理の方という感じですね！　一生食いっぱぐれがなさそうですね」
話し手「いえいえ、そんなことはないですよ〜。というのは……」

こんなふうに、**あいまいな回答には、**
「具体的には?」「と言いますと?」「たとえば?」
などの深堀りの質問が必須です。

深堀りをしていくことで、情報が具体化されると、自然に次々と質問したいことも増えていきます。

「相手のことを知れば知るほど好きになる」という状態を、「**熟知性の法則**」と呼びます。逆に考えると、相手のことを知らないから無関心になるわけです。


人気者に、人と関わるのが嫌いという人はいません。

「人気」という漢字は、人の気を集めることを言います。他人を好きにならないけど、自分を好きになってくれというのは無理な話です。

人に対して好奇心があり、他人に興味を持ち、いろいろと相手のことを理解する努力をする人は、自分から人に好意を持ちやすいです。ですから他人からも好意が返ってきます。


とにかく具体的な話を引き出していきましょう。

自然に相手に対してどんどん好意を持てるようになるでしょう。

そして人気も集まっていくでしょう。

32

「具体的には？」「と言いますと？」「たとえば？」を使いこなそう！

33 うまく雑談できる人はスキルと自分を混同せず、できない人は理想が高い。

雑談がうまくできない人は、感情を出すのが苦手です。自分の感情を出せないというのは、恥への怖れが原因です。自分で気づいていないけれど、「恥をかくくらいなら死んだほうがいい」と思うくらい、恥に対して敏感なのかもしれません。

敏感すぎるから他人の目が気になり、常に評価を気にしてしまう。そうして、話すことがつまらない感じになってしまう。そんな人はとても多いです。

「ほめて育てよう」というのが、ブームになったことがあります。

しかし、ほめられることで自己肯定感が上がるかと言えば、最近の研究では実は逆効果な場合もあることがわかっています。

あなたが子どもや部下をほめる場合、「能力が高いね！」と声をかけていませんか？

コロンビア大学の研究によると実は「**能力をほめられた相手は、何か行動しようとしたときに評価が低くなるのを怖れて、チャレンジをしなくなる**」という結果が出ています。

つまり、行動しない人は、「能力に対する評価を下げてはいけない。恥をかかないようにしなければいけない」という思いが強いのです。

その時に強く働くのが「完璧であれ」「人を喜ばせよ」「強くあれ」という心理です。恥をかかないようにするために、「完璧になろう、人を喜ばそう、弱音を吐かないで強い自分でいよう」と頑張ってしまうのです。

しかしそうやって頑張り続けるのも大変なので、「行動しないほうがいい」となります。

やる気が出るほめ方もあります。

「いい結果が出てよかったね。でも結果はともあれ、よくトライしたね」と、**努力のプロセスの方をほめられた子どもは、より一層チャレンジするようになる**と出ています。

能力をほめられた人は、その評価を落とさないようにするために行動をしなくなる。

そして、「何かを成し遂げた自分は価値がある。しかし何も成し遂げていない自分だと価値がない」という思い込みをつくります。

価値を感じられる自分になるには、いい成績を目指したり、人よりも優秀であったり、聞き分けのいい人になる必要があると学んでしまうのです。

子どもの頃のよりどころだった優秀な成績は、大人になると、社会的な地位、収入の高さに置き換わります。それが自分の価値を決めるようになります。

いずれも、気まぐれな他人の評価を基準においてしまうので、心の平穏を得られにくくなります。

批判をされないように気を遣いすぎる人は、会話もＳＮＳでの表現も、独創性や斬新さが削ぎ落とされて、無難でつまらないものになります。

では、どうしたらいいのでしょう？

それは、恥という感情から立ち直るスキルを身につけることです。

例えば独立したのに、自分のことをＳＮＳで発信することに抵抗があるという人は多いです。それは、自分の文章がそのまま自分の価値だと錯覚してしまっていることが原因です。でも文章のよさがあなたの価値なわけではありません。**あなたの成果物があなたの価**

値なわけではありません。

文章が下手だと批判されたとしても、単にスキルの問題です。自分の価値は不変です。しかし多くの人は、表現したものの価値と、自分の価値を混同してしまうのです。

雑談も同じです。あなたの話がウケなかった。反応が悪かった。

でもそれは単にスキル不足だっただけ。あるいは相手が興味を持つ内容ではなかっただけ。いずれにしてもあなたの価値を下げるものではありません。何をやっても自己価値が左右されないと思うようになると、あなたは能力や才能を大胆に発揮できるようになります。

33 スキル不足でも あなたの価値には一切関係ありません！

34

うまく雑談できる人は経験者のアドバイスを聞き、できない人は素人のクソバイスを聞く。

何か新しいことを始めるときに、雑談はとても大きなきっかけになることがあります。

「今、こんなことを始めようと思うんだけど」

「あ、それだったら、詳しい人を知ってるよ。紹介するよ」

こんなふうに、雑談が新たな人とのつながりをつくり、やりたかったことがどんどん実現化していく体験を、今まで何度も体験してきました。

ですが、ひとつ注意点があります。

アドバイスを求めるときはプロや経験者に聞いてください。

アドバイスを聞く人を選ばないために、右往左往してかわいそうな目に遭う人をたくさん見てきました。

先日、50代の女性が相談しにきました。

相談者「心理カウンセラーとしてセミナーを主催するんですが、悩んでいるんです」

松橋「今うかがった内容なら、カリキュラムはこうして、金額はこれにしましょう」

しかし後日驚きました。私が提案したアイデアはことごとく変わっていたのです。

相談者「起業仲間が、このカリキュラムじゃみんなつまらないし、高いと言うんです」

松橋「その方たちは講師業で年商2千万円くらいやれている方はいますか？」

相談者「いないです」

松橋「うーん。そのカリキュラムはつまらないとのことですが、アドバイスをされた方はその分野をプロとしてやっている方ですか？　またはそのサービスに何度かお金を払った経験からおっしゃっているのでしょうか？」

相談者「いえ、私のやっているサービスを他社でも受けたことがない人たちです」

松橋「するとつまり、そのサービスに必要性を感じていない人のアドバイスで判断したんですね？」

相談者「そう言われればそのとおりですね」

こんな例もあります。

松橋「だったら起業が向いていると思うので、チャレンジしたらいいと思います」
相談者「うーん、でも僕は起業は向いてないと思うんです」
松橋「起業をしたことがないのに、なんで向いてないと思うんですか？」
相談者「なんでだろう？　あ、20歳の頃、父に対して『将来は社長になりたい』と言ったら、親に『おまえが経営者にはなれない。起業には向いていないよ』と言われました」
松橋「親御さんは、起業コンサルですか？　それとも経営者の経験が長い人ですか？」
相談者「いいえ、役所に勤務している公務員です」
松橋「えーと、起業をしたことがない人の意見で、起業は無理と判断したんですね？」
相談者「うーん、そう言われればそのとおりですね」

悩んだときは、誰のアドバイスを聞いたらいいのでしょうか？

はい、**相談するなら、その道のプロや専門家**に限ります。

せめて**そのことにお金を使ってきた経験者**に相談すべきです。それ以外の人の意見は、アドバイスではなくクソバイスです。

八百屋さんの友人に、野菜の蕪の選び方を聞くならベストな相談です。でも八百屋の友人に「どの株を買ったらいいのかな?」と相談して、「あの株がいいらしいよ」というアドバイスを聞いて、その株に全財産を突っ込むようなことを、多くの人はやっています。

親しい人との雑談はとても楽しいものです。

しかし、残念ながら親しい人ほどクソバイスをしがちです。

リラックスした雑談では、相手も気軽にアドバイスしがちですが、リラックスしながら聞いてるあなたの潜在意識にも、クソバイスがスルリと入りやすい状況でもあります。

クソバイスを、スルーする力も必要ですし、特に夢を語る相手は選びましょう。

34
クソバイスはスルーしよう!
アドバイスを聞くなら専門家一択!

35 うまく雑談できる人はアサーションスキルを使いこなし、できない人は「なんでやらないの！」と言う。

周りに「なんだか雑談しているうちに頼まれて、たいてい断れない」という、頼み方の達人がいませんか？　頼み方がうまい人は、**アサーションスキル**を使いこなしています。

アサーションスキルとは、**相手を尊重しながら、自分の要望を率直に伝えるコミュニケーション**のことを言います。日本語にはぴったりの言葉がなく、「自己表現」や「主張スキル」と訳される事が多いです。

自己主張スキルというと、「わがままだ」「自分勝手だ」という反応が多いのが理由なのか、あまりアサーションという言葉は広がっていません。

しかし、アサーションスキルをしっかり使いこなしたら、人間関係はずいぶんスムーズなものになります。

例えば、妻が夫に家事を手伝ってほしいとします。どんな頼み方をしますか？
悪い例として、アサーティブではないコミュニケーションの3パターンを紹介します。

①怒りのコミュニケーション
「あなた！　私が食器を洗っているときには、子どもの世話をしてほしいって毎回言ってるのに、なんでやらないの！　いいかげんにして！」と怒りをぶつける。

②嫌味のコミュニケーション
「あなたはヒマそうでいいわね〜！」と嫌味を言う。

③我慢するコミュニケーション
心の中で、(「毎日、いちいち言わないと全然世話をしてくれない。言ってもやってくれない。わたしばっかり大変で忙しくてもう嫌だ」)と思いながらも我慢する。

この3つのコミュニケーションスタイルを、非アサーティブコミュニケーションと呼びます。特にこの本を読んでいる方は、３番目の我慢するコミュニケーションが多いと思います。

言いたことを飲み込んで我慢してしまうと、メンタルダウンにもつながりやすく、身体の不調が多くなります。

ここでもっとも基本的な人権についてお伝えしておきます。

あなたには、心の中で感じた感情を口にしてもいい権利があります。

自分の提案や価値観は口にしてもいい権利もあります。

こんなことをセミナーで説明していると、「自分の感情や意見を口にしたら、相手を怒らせてしまう」とおっしゃる方がいます。

相手が怒るのは、感情や価値に対して反応しているのではありません。相手を責めるニュアンスが入っているから怒りのスイッチを入れてしまうのです。

また、「同じことを何度も言っているのに、夫は全然聞いてくれない。だから言うだけムダですよ」という方も多いです。

一番に優先してほしいのは、あなたの心やメンタルを健康に保つことです。
ですから、何度言ってもやってくれなくても、感じた感情や価値観を伝える事が大事です。心の中にためておくよりも心の安定を得るためには何万倍も有効です。

ただし伝え方にはスキルが必要です。夫婦で意見が合わずに揉め事に発展してしまうのは、相手の意見を否定するニュアンスが入るからです。

「食事のあとは、すぐに食器を洗いたいんだけど、子どもが遊びたがってはかどらないので、すごく困っているの。だからその間は、面倒を見てくれると助かるなあ」

このように、**自分が感じていることと、要望を伝えるだけにしましょう。**一切の強制も否定もなく伝えるのがコツです。アサーションスキルを使いこなせるようになると、周りの人がどんどん動いてくれるようになります。

35
強制も否定を入れずに、感じていることと要望を伝えるようにしよう！

36 うまく雑談できる人は相手の自慢話を広げ、できない人は自慢話をする。

多くの人は自慢をしたら嫌われるという思いがあります。ですから簡単に自慢話をしてくれません。そこで自慢話を引き出すテクニックを身につけておくといいです。

そもそも自慢話をすると、どうして気分がいいのでしょう？　その心理を紹介します。

①自己肯定感を高めたい

自慢話をして聞き手の反応がいいと、自分を認められたと感じます。すると自己肯定感が高まります。メンタル的に落ちているときや、自信を失うようなことがあった直後だと、特に自慢話を聞いてくれる人が大きな救いになります。自分の誇らしい過去や活躍した時の状態を再体験していると、精神的にとても充足感を得られます。

②優越感を感じたい

特に落ち込むような出来事の直後でなくても、もともと自分に自信がない人や、自己重要感が低い人は、自慢話に助けられます。いつも自慢ばかりしている人は周りからは自信家に見られます。ですが実は、劣等感やコンプレックスが強い人ほど、自慢話をすることで優越感を感じたいのです。自分を支えるために自慢話をしているのです。

人の悪口を言いたくなるのも同じ理由です。「他人を下げれば自分が上がる」という引き下げの心理が働いています。

しかし、自慢話をすることでデメリットもあります。

①劣等感と妬みを感じさせる

自慢話は、聞き手の劣等感を引き出して、妬みを感じさせます。

特に、聞き役がコンプレックスに思っていることについての自慢だと、自動的に劣等感を感じてしまいます。足を引っ張られる原因ともなります。

「先日の出版した私の本、10万部突破しそう。累計50万部になりそうなんだよね」

そんな話を私が友人の著者にしたら、その彼はどうやら「松橋はかなり調子に乗っている」と言いふらしているというのです。自慢しているつもりはなかったのですが、彼のコンプレックスを刺激してしまったようです。

②マウントを取られていると感じさせる

自慢話をすると、聞き手は上下関係をつくられた気分になり、マウントをとられたと感じます。

③メリットがない

自慢話は、聞き手にとってメリットがないことが多いです。

自慢話の中に、再現性や教訓があってノウハウといえるものがあれば、参考になります。しかし、たいていの自慢話は再現性がなく、聞き手にとって何のメリットもなく終わる事が多いです。友人の彼には、部数を伸ばすアイディアも伝えるとよかったのかもしれません。

36 自慢話を聞かされるようになったら雑談の達人です！

以上の理由から、多くの人は自慢話をしたがりません。

では、嫌われるのではないかという怖れを振り切って、気分よく自慢話をしてもらうにはどうしたらよいでしょうか？

ひとつは、「いくら自慢話をしてもぜんぜん大丈夫な人だ」と認定されるような、安心安全さを示すことです。すると相手にとって貴重な雑談相手になれます。

そのためには以前にもお話しましたが、**自分から好意を持っていることを伝えましょう**。聞き方の技術を総動員して、「ああ、この人はこんなにも自分の話を熱心にきいてくれている。たぶん安心できる人だ」と思ってもらうことです。

もうひとつは自己開示です。**自分の弱みをさらしましょう**。自分の弱みをさらせば、さらにファンは増えるものです。雑談の達人たちは特にこの2つが優れているのです。

37 うまく雑談できる人は裏回しをして、できない人は一人にずっとしゃべらせる。

3人以上の集まりになると、一人だけ長々と話してしまうことがあります。その一方で一言もしゃべらない人もいる、ということが起こります。

そんな雑談の場では、**ファシリテーター役を引き受けましょう。**

ファシリテーターとは、会議やワークショップなどの場において、円滑なコミュニケーションと合意の形成をサポートする人のことを言います。

簡単に言えば司会役ですが、通常の司会や会議というと、次のようなイメージがありませんか？

・役職者が司会をする

・数人のおエライさんだけがしゃべって、部下は一言も言わないで終わる
・部下が発言しても、司会が「それは予算が足りないから現実的ではない」などと否定して、あっけなくぺちゃんこにする

そういった旧態依然とした司会や会議と違って、ファシリテーションにはいくつかの決まり事があります。

・どんなに稚拙なアイディアでも、他人の意見を否定しない
・司会役をするファシリテータは常に中立
・一人あたりの制限時間を守る

これは雑談の場でも使えます。

他人が口にしたことは、どんなに稚拙な意見だとしても否定をしないことです。

雑談の場は、正しいとか正確だとかを決めるところではありません。**雑談の目的は親密な関係を築くこと**です。否定された人は、ますます話さなくなるでしょう。

また、誰かが一方的に不利にならないように、あなたは**中立に立ちましょう**。最終的な結論が必要な会議と違い、雑談の場で白黒付ける必要はありません。最終的に自分の意見は言うべきですが、雑談の場では楽しさと盛り上がりを優先しましょう。

そしてもっとも大事なのが**時間管理**です。

同じ人がずっとしゃべりっぱなしという状態になったら、ほとんどしゃべっていない人の様子を観察してください。話す機会を与えられずにつまらなそうにしていたなら、場の空気を回しましょう。

「なるほど、Aさんの話はほんとうにおもしろいですね！

ところで、Bさん、Aさんと似たような経験をお持ちだと聞いていますが、いかがですか？」

このやり方を見て、「気分よく話しているAさんの話の腰を折るのは、ちょっと自分にはできないな」と、反射的に気後れしてしまう人も多いかもしれません。

でも、相手はその場にいる人の顔色を気にせず、会話をずっと独り占めする人です。たいてい鈍感なタイプだと思われます。話の腰を折られても、タフなメンタルですから大丈夫です。なぜなら過去、何度も同じような体験をしてきたはずですから。

お笑いの世界では、こういったことを「裏回し」と呼んでいます。メインの司会ではなく、ゲストで参加している芸人が、「そうそう、そういえば、向かいに座ってる芸人さんも、面白い体験をしているんですよ。なんでしたっけ？」といって、話をパスしていることがあります。

そうやって、場を回すことで活気を生み出していく芸人は、とても重宝されています。

とにかく一人の人ばかりが話してしまって、誰かが一言も話さないという状況をつくらないようにするといいでしょう。

37 みんなが楽しく会話ができるようにファシリテーターを引き受けよう！

38

うまく雑談できる人は11のネタで相手にしゃべらせ、できない人は何を話したらいいか悩む。

「雑談で話すことがないんです」

この悩みは夜の銀座のホステスでも同じようです。ホステスの間で知られる雑談のネタがこちらです。

「木戸に立ちかけし衣食住（キドニタチカケシ衣食住）」

次の11のネタの頭文字をつなげたものです。それぞれの話題を準備しておくと、いざというときに困りません。質問のきっかけとして使いましょう。

①「キ」気候

「散歩が気持ちいい季節になりましたが、散歩はされる方ですか？」

②「ド」道楽
「音楽、映画、スポーツ、など趣味の人は多いですが、どんな趣味を？」

③「ニ」ニュース
「昨日のニュースは衝撃的でしたがご存知ですか？」

④「タ」旅
「私が旅行した中でよかったのは宮古島ですが、○○さんのおすすめはどちらですか？」

⑤「チ」知人
「お知り合いがたくさんいらっしゃると思いますが、○○関連の方をご存知ですか？」

⑥「カ」家族
「ご家族は何人ですか？　幼少期はどんな家庭でしたか？」

⑦「ケ」健康
「お肌がとてもきれいですけど、どんなことに気をつけていますか？」

⑧「シ」仕事
「お仕事はどんな関係を？　具体的にはどんな？」

⑨「衣」

「その色の組み合わせいいですね。どうしたらそんなにおしゃれにできるんですか？」

⑩「食」

「私は寿司が大好きですけど、おすすめのお寿司屋さんってあります？」

⑪「住」

「どんなきっかけで、そちらへお住まいなんです？　住み心地はいかがですか？」

いずれも、それぞれのネタについて自分の答えを一度書き出しておくといいでしょう。

気候とニュース以外の9個は、何度も使える話です。

「私の子どもは、25歳の長女と20歳の次女なんですけど、ようやく反抗期を抜けてきたかなという感じなんです」

「私が住んでいる場所は、川がすぐ近くなんですよ。天気のいい日には1時間くらい散歩するんですけど、○○のお店に寄るのが楽しみでして」

こんな自己開示の雑談をすることで、相手も自分のことを話してくれやすくなります。

自己紹介トークと同じく、鉄板ネタを用意しておけば、一生使えます。

さらにこれらの11ネタの、上級者向けの使い方をご紹介しましょう。

実はこれらの11ネタは、あなたがしゃべるために覚えていただくものではありません。**これらのネタを使って質問**をしてほしいのです。ここに書いた例文は、すでに質問形式にしています。

質問をされたら、脳は自動的にその質問の答えを探し出すようになっています。

雑談が苦手な人からの相談では、「何を話したらいいのだろう」という悩みが多いです。

そうではなく、「**何を質問したらいいのだろう？**」と考えて欲しいです。

あれこれ話題豊富にしゃべりまくるよりも、質問を磨いたほうが雑談はうまくできるようになります。

38
「何を話したらいいのだろう」ではなく「何を質問したらいいのだろう？」と考えよう！

39 うまく雑談できる人は怒りを回避し、できない人は怒りを伝染させる。

こんな相談を受けたことがあります。

「夫がずっとテレビを見ながら怒っているんです。政治ニュースを見ては、

『なに言ってるんだよ、この政治家は！』

サッカー中継を見ては、

『ここでシュートミスするか！　おまえは本当にプロか！　下手くそ！』

こんな調子で、ずっと文句を言っているんです。私は本当にそれが嫌なんです」

夫は60代半ばとのことですが、夫の罵詈雑言を近くで聞かされる身になったら、それはストレスになるのも当然でしょう。そういえば私が実家に帰ったときにも、80代の父も母もニュースや野球を見ながら怒っていた記憶があります。

なぜ高齢になると怒りやすくなるのでしょう。

それは、前頭葉の機能が衰えるので、感情をうまく抑えることができなくなるからです。それまで理性的に判断や対処をしていたのに、感情の抑えが効かなくなってしまうため、感情的になったり、暴言を吐くようになるといいます。

耳が遠くなって聞こえづらいとか、視力が落ちて見えづらくなるストレスも加わって、より我慢ができなくなり、キレる原因にもなります。

また脳科学では、「よくわからないというストレスがあると怒りがわく」ということがわかっています。興味がないことには怒りはわきません。しかし、よく理解したいことなのに理解できないと、キレてしまう構造になっているといいます。

さらに脳科学ではもう一つの理由が明らかになっています。

「怒るのは脳が暇だから」というのです。

料理を作りながら、電話をしてメールも返す。

こんなふうにマルチタスクで脳をフルに使っていたら、とてもじゃないけど怒る暇がないです。いろいろな作業を同時にやっていて脳に負荷がかかると、怒ることに脳を使っていられないということです。


負荷に関してはこんな研究もあります。

右利きの人が、左手で作業していると、怒りにつながるまでの時間が長くなるそうです。難易度の高いことをやっていると、怒っている場合ではなくなるのです。


つまりテレビを見て怒りをまき散らすのは、脳が暇だからできるのです。

女性はいろいろ同時進行しているので、怒る暇がない人が多いのかもしれません。


では、怒る人相手にどうしたらいいのでしょう?

怒りは伝染します。なので、**怒っている人からはすぐに離れる**のが一番の方法です。

「どうにか理屈で相手を納得させよう」というのは、非常に難しいのはよくご存知のはず。なのに、どうにか相手の怒りを鎮めようとして、あれこれ反論を言ったり説得しようとしてしまうと、怒りが伝染してしまいます。

相手が怒り始めたら、一言も言わずに他の部屋へ立ち去るのが賢明です。

また、筋肉を使うと怒りを抑えるのに効果があるという研究もあります。ちょっと離れたコンビニに軽いジョギングでもしながら買い物に行くなどもいいでしょう。スクワットや腕立て伏せもいいでしょう。

この本を読んだ方には、怒りの連鎖にはまらず、速やかに距離をおき、忙しくしたり、身体を動かすことで、怒りとうまく付き合っていただきたいと思います。

39
怒りは伝染します。その場を離れるのが一番の解決策！

第5章

雑談上手の「マインド」編

40

うまく雑談できる人は一期一会を気にせず、できない人は一期一会を大事にする。

名刺を交換すると、「一期一会に感謝」と書いている方に出会うことがあります。著者では、本のサインに「一期一会」と書く方もいます。

一期一会を辞書で調べると、もともとは、千利休の弟子、宗二の『山上宗二記《やまのうえそうじき》』に書かれていた言葉です。『どの茶会でも一生に一度のものと心得て、誠意を尽くすべきこと』という言葉から、一生涯に一度会うかどうかわからない出会いを大切にすることのたとえとして使われています。

飛行機で隣同士になった方と仲良くなり、その後もビジネスでつながり、一生涯にわたっての大親友になった。こんなエピソードを聞いたりすると、「コミュニケーションの達人なんだな。私には絶対無理！」と思ったりします。

私も独立してからしばらくは、人脈を広げようと思い、さまざまな交流会や飲み会に出かけていました。会場で出会った人との縁を深めて、その場でビジネスにつなげようと努力をしていました。一期一会を大事にしようと思っていたわけです。

それは「仕事のチャンスを広げよう」「事業を拡大しよう」というエネルギーが原動力でした。

ですが、今はほとんどやっていません。

「一期一会でなんとか人脈を作ろう」というのは、私には向いていないと思ったからです。

あなたが今、親しく付き合っている人の顔を思い浮かべてください。次に、それぞれの友人との出会った瞬間や、仲良くなったきっかけを思い出してみてください。

一度会っただけで、すぐに打ち解けて仲良くなりましたか？　だとしたら、この本が不要なくらいの雑談の達人です。

私の場合だと、今も長く付き合っている人で、初対面から一度で仲良くなった人は一人もいません。一期一会をきっかけに友人になった人はいません。何度か会ううちに、ビジネスを一緒にやるようになったり、一緒に旅行を行く仲になった人だけです。

ですから、松橋流雑談の心得は「**一期一会に期待するな**」です。

一期一会で人脈作りをしようという人は、どちらかというと友人や仲間づくりではなく、見込み客獲得のモチベーションが強いと思います。

ですが、事務職や特に個人対象の営業が必要じゃない仕事の人が、「自分は初対面から仲良くなるのは苦手なんです」というのは当然のことです。なにしろ、リスクを冒してまで、人脈づくりをするだけの理由がないからです。

あなたが営業職ではなく、人脈づくりをする必要がないのなら、「自分もあんなふうに、初対面でも臆することなく会話ができたらいいな」と、営業職の人と比べるのはナンセンスです。そう思うのは、比較する相手を間違えていると言えます。

あなたがもし、「この人は素敵な人だな。知り合いでつながりたいな」と思うなら、その場でなんとかしようというよりも、**単純接触効果**を活用しましょう。

もともとは興味がない人に対して、**接触回数を重ねるうちに興味を持ち、好きになって**

いく心理的現象です。心理学者であるロバート・ザイオンス氏に提唱され、「ザイオンス効果」とも呼ばれています。

素敵だと思ったら、**その日のうちにあいさつとお礼を兼ねたメッセージ**を送ります。

そして、翌日以降にまた連絡をします。

「あなたが次回も参加するなら私も参加したい」など、好意を伝えていくとさらにいいでしょう。ポイントは、長文にしてメールを一括で送るよりも、**小分けにして送ることで接触回数を増やす**というところです。

回数を重ねて仲良くなっていくほうが、より親密な関係を築きやすいのです。

40 一度で相手をどうにかしようとせず、回数を重ねて仲良くなろう！

41 うまく雑談できる人は意外にもネガティブ思考で、できない人はムダにポジティブ思考。

「毎日ポジティブに生きています」

「毎日、感謝しかありません」

このように「ポジティブに明るく頑張っています」とアピールする人は危険です。

ポジティブは毒になるという研究結果が出ているからです。

『成功するにはポジティブ思考を捨てなさい』ガブリエル・エッティンゲン（講談社）によると、「理想の未来を思い描くことは、夢を実現する助けにはならない。

それどころか、夢の実現を妨げてしまう可能性がある。

夢を見るという心地よい行為によって、人は頭の中で願いをかなえてしまう。すると、現実世界で困難を切り抜けるために必要なエネルギーが残っていない。

さらに自分のネガティブな感情を無視していることで起こる副作用はかなり大きい。

ポジティブ思考を善として、ネガティブを悪として拒絶することは、実は心身にとって不健康。

常にポジティブであることが、むしろ自分の毒になっている」

このように、「ネガティブなことは考えないで、明るく頑張ろう」というやり方は、効果的ではないといいます。

ネガティブをなかったことにしていくことで、メンタルヘルスに大きな負債を与えてしまうと、ガブリエル・エッティンゲン博士は言います。

自分の体と心への気づきを封印してしまうのは、身体にとって強い毒なのです。厚生労働省のサイトにも、感情に気づかないようにしていたり、感情を言語化ができないと、心身症の原因になると明記しています。

博士は、それの問題を乗り越えるために「**WOOP**」というツールを開発しました。

WOOPとは、①Wish（願い）②Outcome（結果）③Obstacle（障害）④Plan（計画）

の4つのステップの頭文字を取ったものです。

●WOOP
①願望とその願望が重要な理由を書く（Wish）
②最高の結果を書く（Outcome）
③目標の障害になりそうなこと全部を書く（Obstacle）
④その障害にどう対処するのかを書く（Plan）

この4つの手順を使った例を紹介します。

①願望：月100万円稼ぐ　理由：ゆとりができる
②最高の結果：留学してMBAを取得する
③障害：自分にはそんなに稼げるわけがないと思う
④計画：心理の勉強をして、お金のメンタルブロックを外す

このように、**③の障害（Obstacl）と、④の障害を予想したプラン（Plan）を立てると**

いうのが、WOOPの大きなポイントです。

望みどおりには事が運ばない状況を鮮明にメンタルリハーサルをすることです。**その障害がいつ、どのようなタイミングで現れるかを具体的にイメージ**しましょう。

そして、**その障害が起きたときに、何をするのか、どうしたらいいのかという対策を考えましょう。**

多くの人は、目標達成をイメージするときに、障害が何も起こらないかのようなイメージをつくりがちです。それだと、障害が起きた瞬間に、挫折しやすくなってしまいます。起こりうる障害を組み込んで、メンタルリハーサルを行っていれば、あわてずに対処できるでしょう。

41
ポジティブは身体にとって毒。ネガティブを受け入れて行くことでパワーを出せます！

42 うまく雑談できる人は一人の発信の力を知り、できない人は一人の力を甘く見る。

世界はあなたが変えられます。

「ええ！　そんな力は自分にはないよ」

私もそう思っていました。ですが変えられるのです。

「**六次の隔たり**」という理論があります。

わずか6人のステップで世界中の人々と、間接的な知り合いになることができるという理論です。

SNSの創立はこの仮説が下地になっています。

またジラードの**250人の法則**があります。これら2つの理論を組み合わせたなら、あなたも世界を変えられます。

①六次の隔たり

イェール大学の心理学者スタンレー・ミルグラム教授が行ったスモールワールド実験を紹介します。

この実験ではネブラスカ州住人160人を選び、「同封した写真の人物はボストン在住です。ご存知でしたらその人の元へこの手紙をお送りください。この人を知らない場合は、貴方の友人の中で知っていそうな人にこの手紙を送ってください」という文面の手紙をそれぞれに送った。

その結果、42通（26・25％）が実際に届き、42通が届くまでに経た人数の平均は5・83人であった。

以上の実験から、世界中の人とつながるために必要なのは、6人だけだというのです。

ネブラスカ州とボストンは2400キロ離れています。日本でたとえれば、北海道の住人が、沖縄の住人に知らない同士なのにつながったようなものです。

しかも、25％もの人が、知らない土地の知らない人と6人目でつながったのです。

②ジラード250人の法則

12年連続で世界1位の自動車営業マンとしてギネスに認定されたジョー・ジラード氏。

彼は、たくさんの葬式に参加していうちに、平均すると250人の参列者が集まること知りました。法則は次のようなものです。

・人は誰にでも平均すると知り合いが250人がいる
・一人のお客様を怒らせると知人である250人も怒らせる可能性がある
・反対に一人のお客様の満足感を高めることができれば、知人である250人の満足感を高める可能性がある

以上のように、目の前の人の背後には、250人いるという仮説から、ジラード250人の法則と呼びます。そして、一人には250人の知人がいるということは、250人それぞれの先にも250人いて、さらにその先にも250人いる。

さらに現代は、多くの人がSNSをやっています。人によっては、250人どころではなく、何千、何万人とつながっている人もたくさんいます。

この2つのことを組み合わせると、一人が発信したことが、世界を変えるだけの力を持つことも充分に可能だということです。

あなたがこの本で学んだ気づきが、他の人にも刺さる内容だったとしましょう。
あなたがSNSでシェアをしたり、あなたの知り合いに教えてあげてください。
するとその知り合いも、SNSでシェアをしたり、あなたの知り合いに教えていく。
するとその知り合いも、SNSでシェアをしたり、あなたの知り合いに教えていく。
するとその知り合いも、SNSでシェアをしたり、あなたの知り合いに教えていく。
するとその知り合いも、SNSでシェアをしたり、あなたの知り合いに教えていく。
こうして六段階進むと、世界中とつながる可能性があるのです。
あなたは世界を変える事ができる可能性をもっているのです。

42 あなたの発信が世界を変えるかもしれません！

43

うまく雑談できる人は習熟時間を知っていて、できない人は向いていないと思いこむ。

英語をペラペラになるにはどれくらいの勉強時間が必要だと思いますか？

一説によると、目安としては1千時間で相手が何を言っているのかを理解できるようになり、話せるようになるといいます。毎日3時間で1年です。

大学受験の場合はどうでしょうか？

東大受験なら4千時間、国公立大学を受験する場合には3千時間以上の勉強が必要だといわれています。1年間でこなそうと思うなら毎日8・2時間の勉強が必要です。

これらの時間を並べて何を言いたいのか？

そのひとつめは、習熟には時間がかかるということです。どんなことでもやり始めはつまらないものです。積み重ねたことが結果として現れるまでは、どんなことでも数ヶ月ほどかかります。そこを乗り越えると、続けることを楽しめるようになり、大きな成果へとつながっていきます。

もうひとつは、こういった時間の目安を知っている人と知らない人だと、モチベーションがかなり変わるということです。やみくもにやるのではなく、目安になる目標時間や目標日数を設定することが、どんなことにも必要です。

ですから強く言いたいことは、この基準をクリアしないのに、「自分には向いていない」「自分は頭が悪い」と判断してはいけないということです。

雑談スキルやコミュニケーションスキルも同じです。

この本で覚えたからと言ってすぐに使えるようになるわけではありません。

習熟には時間がかかるのです。さらに**習熟の4つの段階**を知っておくと、前に進む力になるでしょう。

①気づいて知る

あなたはこの本を読むことで、雑談でうまくできてない部分に気づき、スキルを知りました。

②わかる

そしてそれを使ってみると、うまくいくこともあれば、うまくいかないこともあるでしょう。うまくいかない体験をしているうちに、スキルの本質がわかっていきます。

③できる

何度か試しているうちに、10回に1回しかできなかったことが、10回中8回くらいの確率に高まっていきます。できるようになったと言えるでしょう。

④教える

「あなたのように雑談をうまく話せるようになるには、どうしたらいいですか？」こんな質問を受けるようになったあなたは、そのノウハウやコツを教え始めます。でも、自分ができていることでも、教えるとなると、教える内容の3倍以上の知識が必要といいます。教えられるようになったら、完全に習熟したと言えます。

ですから、せっかく学んだ雑談は、どんどん人に教えましょう。

ブログに書きましょう。SNSで発信しましょう。

こうして発信していくと、自分の血肉となっていきます。

すると、あなたはいつの間にか雑談の達人と言われるようになり、周りから常に親しみのある声をかけられる人になっているでしょう。

43
習熟には時間がかかります。習熟の4つの段階を考慮してスケジュール立てましょう！

44

うまく雑談できる人はゆるい人だと思わせ、できない人は緊張感を与える。

うまく雑談できる人は、相手を安心させてリラックスさせる技術を身につけています。多くの人が初対面の相手と接するときには、視覚的な部分だけで瞬時に判断します。安心で安全な人か、要注意な人なのかを、ほんの2秒から8秒くらいで振り分けています。感じが悪いと判断されたら、そのイメージを覆すのはほとんど難しいです。

視覚的な部分でいうと、「清潔感のある身だしなみ、笑顔、アイコンタクト」などです。これらは社交性をはかるバロメーターになります。

懇親会やパーティーに行くと、フォーマルな装いまでは必要ないとはいえ、Tシャツにジーンズだったり、山登りするようリュックを背負って参加している人などは、個性的すぎる印象を与えます。

そして、自然な笑顔は緊張をほぐす効果があります。ここが一番最初に社交性の高さを感じさせるポイントです。

あいさつのときのアイコンタクトだけでも、かなりの情報が得られます。

目を合わせない人は、「ああ、この人は人付き合いが苦手なんだな」と認定されます。

とはいえ、ずっと目を見つめていると、相手が緊張してしまいます。

資料や名刺をチラチラみたりして、視線を分散させましょう。スマホで相手のＳＮＳにアクセスして画面を見ながら話したりするなどもいいです。

ただ、このような視覚的情報よりも私が大事にしていることは、「**ゆるさ**」です。

私は、20年近く営業の仕事を経験し、その後20年近く営業の研修講師をしています。そんな私ですが、20代の頃はまったく売れない営業でした。今思えば、お客様にとても緊張感を与えていたからです。

「第一印象が大事だ！　元気よくあいさつをしろ」この言葉を上司からは念仏のように聞かされていました。

なのでお客様宅にうかがう前には、車のバックミラーで笑顔のチェックをしていました。アイコンタクトにも注意を払っていました。

玄関のドアが開いたら、満面の笑顔を元気よくあいさつをしていました。

笑顔も絶やさないようにしていました。しかし、それでも全然売れませんでした。

それはゆるさがなかったからです。

元気のよさをアピールしようと、大声で早口でまくし立てていました。いくら笑顔で明るそうでも、これでは相手に圧をかけているようなものです。

リラックスどころか、「売り込まれる！」という危険しか与えていなかったのです。

心理学講座に通うようになり、カウンセラーの先生のふるまいを見ていて思ったのは、

「この人なら何を言っても大丈夫。寛容で寛大」という感じでした。

言い換えると「ゆるい感じ」です。

「ゆるさが人を安心させるんだな」と思ったのでした。

ゆるさを感じさせてリラックスしてもらうには、話し方がとても重要です。

まずは**声のテンポと間**が大事です。

当時の私は、立板に水のように流暢にペラペラと話していました。

それでは緊張させてしまいます。ですから**ゆっくりと話す**ことです。

そして、のんびり間を取りましょう。「この人はしゃべりが下手だな」と思われるくらいのゆっくりのテンポと、充分すぎるくらいの間を使っていくのがいいでしょう。


声のキーも大事です。

高いキーで話すと熱意を感じさせますが、緊張感も与えます。**身内と話すトーンよりも少しだけ高めのキー**が感じのよさを伝えます。

44 自然体で緊張感を感じさせない人が、最強の雑談の達人です！

45

うまく雑談できる人はアンカーでメンタルを整え、できない人は気合いで整える。

雑談が苦手な人はマイナスのアンカーが作動しているかもしれません。

桜が咲き始めるとワクワクする。ドラマで「お前はクビだ！」というシーンを見ると、悲しい気分になる。夫が子どもを怒っているのを見ると、関係ないのになぜか夫にイライラする。


このような感情が起こるのは、その時に起きていることが原因ではありません。

「え？　何を言っているの？　夫が子どもに怒鳴ってる行動にイライラしているんだけど？」

はい、そう思うのは当然です。

ですが、イライラしようと思ってイライラする人はいません。感情が揺さぶられるというのは自動的な反応なのです。

では、その自動的な反応は、どうやって作られたのかを考えてみましょう。

桜を見るとワクワクするのは、何か新しいことが始まるという体験があるからです。クビ宣告のシーンは、クビになる可能性がない仕事をしている人にとってみたら、遠い世界の話です。親から怒られたことがない人なら、息子が怒られている様子を見ても特に反応が起きないでしょう。

つまり、感情の反応が起こるのは、**過去に起きた出来事で感じた感情を再現しているの**です。この反応パターンを呼び起こす刺激を、心理学では「**アンカー**」と呼びます。

雑談が苦手な人は、雑談をしようとすると、過去に失敗したときに味わった嫌な感情が再現されてしまうパターンがつくられているのです。

アンカーには5種類あります。視覚、聴覚、触覚、嗅覚、味覚のアンカーです。触覚、嗅覚、味覚の3つをまとめて身体感覚と呼びます。この3種類のアンカーで私たちの脳は動かされているのです。

レストランで食事をしているときに、10代に聴き込んだ音楽が流れると、とたんに気分が上がります。逆に「あなたとはもう付き合えない」と自分に別れを告げた彼女が大好きだった曲を聞くたびに気分が落ちるかもしれません。これらは聴覚のアンカーです。

夫が子どもを「なんでお前は人の話を聞かないんだ！　なんだ！　その態度は！」などと怒鳴ってる声が聞こえてきた。するとたんに怒りがわいてきた。

「もう怒鳴るをやめてよ！　そんな言い方をしなくてもいいじゃない！」といって夫婦喧嘩が始まる。

この場合なら、妻は子どもの頃、父親から「人の話を聞け！　態度が悪い！」などと怒られた経験があって、当時は怖くて何も言い返す事ができなかった。

そのときの怒った顔と言葉が恐怖のアンカーとなって、何十年たった現在でも悲しかった感情や、悔しかった怒りの感情が呼び起こされているというパターンです。

これらのアンカーの仕組みを理解すると、感情のコントロールができるようになります。たとえば、いつでもリラックスした状態に入りたければ、リラックスしたときの体験を思い出してください。そして次の3つの感覚を思い出してみてください。

①何が見える？　(例) 露天風呂と、外には山々の美しい新緑が見えている
②どんな音や言葉が聞こえる？　(例) お湯の音と「気持ちいい」という声
③身体はどんな感じを感じる？　(例) 最高のリラックス

この3種類の条件を思い起こせば、あなたはいつでも最高のリラックスを瞬時に再現できるようになります。

雑談が苦手なら、**あなたがもっともリラックスする状況を思い起こしてアンカーを用意**しておきましょう。いつでもリラックスして雑談ができるようになります。

45
脳はアンカーしだい！　感情は自由自在なコントロールが可能です！

46 うまく雑談できる人はSNSなどでアウトプットし、できない人は自分で抱えこむ。

さまざまな分野に精通していて、どんな話題にもついていく達人がいます。どうしたら、そんな雑談の達人になれるのでしょうか？

情報には、一次情報、二次情報、三次情報の3つの種類があります。

一次情報とは、実際に自分が直接的に体験して得た情報です。実際に見たこと、聞いたこと、触った感覚、臭いや香り、味などの直接的な体験のことです。

二次情報とは、間接的に得た情報です。信頼できる知人の言葉や、書籍を通じて得られる経験です。

三次情報とは、出どころがあやしい情報です。匿名のSNSなどの情報など、信頼できない内容が多いです。

自分が体験したことはすべてが財産ですが、それだけだと世界がとても狭いです。

話題が豊富な人は、やはり二次体験が豊富です。

私が作家になる前の20年間は、毎日初対面の人にアポを取り、契約につなげていくという営業の仕事を通じて、対面では1万人以上、電話では3万人以上の方と出会ってきました。

そういった方たちの人生相談を通して、たくさんの二次体験ができました。お陰で視野も広がり、話題が豊富になれたとも思います。営業生活は、苦しいことのほうが多かったですが、今の著者生活にとても役立っています。

しかし誰もがたくさんの人と関わる仕事をしているわけではありません。職場でごくわずかな人にしか会わない方も多いでしょう。

そういう方ほど、二次情報の取得が重要です。そのためにも**本を読むことをおすすめします。**

一冊の本を書くために、多くの著者は数十年間かけて得た知見を総動員します。あなたが読んでいるこの本も、著者松橋の60年間の経験や学びを詰め込んでいます。

私が今に至るまでに投資してきたセミナーや教材や書籍代は5千万円を超えます。しかも、もしこの本が世界で1冊しか発売されないとしたら、5千万円の価格をつけたいです。それを、出版社が数千冊、数万冊を印刷してくれるから、一冊2千円未満の価格で売られているわけです。

私の本に限らず、著者が数十年かけて得たことを数千円で読めるという現代は、知の共有という面からみてもすごいことだと思います。


世の中を動かしている Leader（リーダー）は、ほとんどが Reader（読書家）です。

私が出会った話題が豊富なリーダーたちは、一人残らず書籍を、何千冊、何万冊と読んでいる人ばかりでした。

ただし、たくさんの本を読んでいて知識はあるのに、話をするとなにか上っ面ばかりな感じがするという人もいます。それは一次体験が少ないからです。

心理の世界だと、実習やワークを体験して気づきを深めた人が多いですが、理論だけ学んでカウンセラーを名乗っている人も多いです。

では一次体験を増やすにはどうしたらいいでしょうか？　新たなことにチャレンジしていくほかはありません。迷ったらやったことないことを選択しましょう。それで望んだ結果が出なかったのは失敗ではありません。

このようにすればうまくいかないのだという検証ができただけです。そうやって新たなことにチャレンジし続けていくことで、一次体験がどんどん増えていきます。

同じことをずっと続けていたら、確かに安心できるし安全です。間違える確率も低いです。しかし、脳の中では同じ回路しか使わなくなるので、好奇心や新たなチャレンジ意欲が削がれていきます。

常に新たなことにチャレンジしている人は若々しいです。チャレンジが多い人は一次体験が多く、話題も豊富になり、雑談の達人になっていくのです。

46 本を読もう！　チャレンジしよう！　誰かに話したくてたまらない体験を増やそう！

47

うまく雑談できる人はビリーフをうまく使い、できない人はビリーフに振り回される。

わたしたちはいろんな思い込みによって無意識に動かされています。

思い込みや信念のことを心理学では**ビリーフ**と呼びます。そのビリーフの中で、**理屈に合っていない非合理的なものをイラショナル・ビリーフ**と呼びます。

人前が苦手だという42歳の男性がセミナーに参加されたときの例で紹介します。

相談者「私は話がとても下手なんです。人前がとにかく苦手で、できるだけしゃべらないようにして生きています」
松橋「今、10人の前でしっかり話されていますよ？」
相談者「今は大丈夫ですけど、基本的に下手なんです」
松橋「いつから苦手ですか？」

相談者「中学時代に級友が『話が下手だな』と言ったんです。それから苦手です」
松橋「なるほど、そのクラスメイトは話の達人で、常に注目を浴びる話し手でしたか？」
相談者「いいえ、普通よりちょっとおもしろいくらい」
松橋「もうひとつ、話をするスキルというのは、いくつかの要素の組み合わせです。オチが弱いのか、構成が悪いのか、テンポが早すぎるのか遅すぎるのか、抑揚がないのか、表情などのボディランゲージが悪いのか。どれだったと思います？」
相談者「えーと、具体的に何が悪かったんだろう？　内容が面白くなかったかも」
松橋「なるほど。級友の話は毎回大爆笑できるおもしろさですか？　違いますよね。普通の人が、内容がおもしろくないという評価をした。それを自分の価値観として取り込んでしまってビリーフになってしまっただけのようですが」
相談者「そうかもしれません」
松橋「では、そのビリーフがいかに非合理化を考えていきましょう。42年間で何人に『話が下手だね』と言われましたか？」
相談者「うーん、社会人になってから、人前で初めてプレゼンしたあとに、40代の課長から『ちょっと話すの下手だね』と言われました」

松橋「今、あなたも40代ですが、目の前で20歳くらいの新入社員がプレゼンをしてたら、『下手だな。改善点がいろいろ目につくな』となりませんか？」

相談者「それはそうですね」

松橋「他に下手だと言われたのは何回ありますか？」

相談者「それ以外は思い出せないです」

松橋「ということは、あなたが新入社員の当時の世界人口は50億人。つまり50億人のうち2人に言われたことを、20年以上も守ってきたということですね」

相談者「そう言われればそうですね」

松橋「では逆に話がうまいねって人生で何回言われましたか？」

相談者「5～6回、いや、10回くらいはあったと思います」

松橋「はい、では今でも『自分は話が下手なんだ！』と主張できますか？」

相談者「うーん、そう言われれば、下手というほどでもないように思えます。なんで下手だと思いこんでたのか不思議な気分です」

話し方の専門家でもないクラスメイトに「下手だな」と言われただけで信じ込んでしまった。でもそれは、オチが弱いのか、テンポが悪いのか、抑揚がないのか、いずれにしても、スキルが足りなかっただけ。高校時代に話し方のトレーニングをしていたわけでもないのに、「自分は話が下手だ」と思い込み、何十年も信じ込んできたわけです。

「雑談が苦手」というのも、同じです。

話が盛り上がらなかった。沈黙の時間が長かった。相手が黙り込んでしまった。それを多くの人は「自分が雑談が下手だ」と決めつけて、勝手に思い込んでしまいがちです。

「あなたの話は楽しいね」と言われた体験の方がよほど多いはず。「自分は雑談がうまい」という新しいビリーフを身につけていくと、人生はとても快適です。

47 雑談が下手というビリーフはたいていが非合理的な理由。新しいビリーフで生きよう！

48 うまく雑談できる人は長所を探し、できない人は価値観が違うと言う。

女性の悩みを聞いていると、「価値観が違う」というフレーズがよく出てきます。

「うちの夫は、いろんなことが適当で大ざっぱなくせに、あれこれ理屈ばかり言うんです。ほんとに価値観が合わなくて悩んでます！」

「そうなんですね。ところで、お付き合いを始めたきっかけはなんでしたか？」

「15年前の付き合い当初、とても寛容な人だと思ったところですかね。あと、いろんなことを知っていて物知りだなと思って尊敬したんです」

ということは、おそらく夫は今も昔も性格的なものは変わっていないようです。ただ、妻側の捉え方が変わっただけ。

感性や価値観が違うところが魅力に感じたから結婚できたわけで、15年後にはその魅力的な部分が「自分と違う！」といってストレスに感じるようになったと分析できます。

実は、価値観や感性が似ていて違和感を感じずにすむ相手や、最初からわかりあえる人とは、交際が長続きしないと言われます。

価値観が同じで感性も同じだと、わかりすぎてつまらないのです。価値観が同じだとそもそも魅力を感じなくて、結婚までたどり着くことが少ないのです。

また、お互いの違いを認めるというプロセスを通らないので、わかってくれてあたり前だと思いこんでしまいます。すると、どちらかに変化が起きてきたとたんに、否定しあう関係になったりします。

お互いの違いを埋めていくには、雑談を積み重ねていくしかないのです。

「へー、あなたはそう考えるのね」と、違いをおもしろく感じられたら、どんな相手ともスムーズです。

うまく雑談できる人は、相手の長所を探し出すのがうまいです。

私の尊敬する先輩経営者は、いつもポジティブエネルギーに満ち溢れていて、人気者です。コミュニケーションについての対談収録を申し込んだら快諾してくれて、そのときにこんな質問をしました。

「相手の欠点が気になるときの付き合い方は、どうされていますか？」

「僕はね！　相手の欠点は見ない！　長所しか見ないんだ！」

「えー、そうは言っても、あそこが嫌っていうのはありますよね？」

すると、こんな事をおっしゃいました。

「僕は自分が欠点だらけだ。あれもこれもダメっていうところがたくさんある。そんな自分が他人の欠点をとやかく言えるわけがない。だから長所しか見ないんだ」

たしかに、「自分の欠点を棚に置いて、人の欠点をあれこれ言えないな」と思いました。

そしてこのことがきっかけで不思議に思うようになりました。

「人の欠点にばかり目がいくタイプは、どうしてそうなったのか？」

研究した結果、次のような心理的な理由がわかりました。


何かをミスしたら、親にすごく怒られた。兄や姉にすごく怒られた。謝ってもなかなかゆるしてもらえなかった。いつも、あら探しをして揚げ足を取り合う家族だった。

もしそんな環境だったとしたら、どんなふうに育つと思いますか？　ある意味で人の欠点を見つける能力を磨き上げる英才教育を受けてきたようなものでしょう。

常に緊張感があり、安心が得られない家族に鍛えられた人は、不安気質や心配性が養われます。当然ながら欠点を見つける能力が高くなります。常にミスをしないように、細心の注意を払って行動するでしょう。

ミスがゆるされない仕事や、安全を守る仕事はとても向いていると思います。ですが対人関係でその能力を発揮してしまうと、なかなか生きづらい人生になります。

欠点ばかり見てしまう人は、心理を学んで自分の幼少期を癒していくと、自分にやさしくなり、他人に寛容になっていくでしょう。

自分にも他人にも厳しい人生は、もう卒業してもいいんです。すると雑談も、とても自由に楽しくできるようになります。

48
価値観が合わないから魅力的！自分にも他人にもやさしい人生を！

49

うまく雑談できる人は応援してくれる人を大事にし、できない人は批判する人に振り回される。

気軽に雑談ができない人は、相手から批判をされるのが怖いという心理を持つ人が多いと思います。

批判されてなにかをやめたという声は、たくさん聞いてきました。

「ブログはやっていないです。以前、批判コメントが入ってからやめちゃいました」

私も昔は、批判をまともに受けてしまっていた時期があります。

私が本を書き始めた頃、本のレビューでこんなコメントがついたことがあります。

「内容が薄かった。買わなければよかった」

当時、このコメントには、けっこう落ち込みました。

メルマガやブログで、マウイやニュージランドでのリトリートを紹介したことがあります。すると、「自慢ばかりで不快です。こちらは旅行などいく時間もお金もなく働いているんです」というコメントがつきました。それ以降しばらくは、自慢にならない投稿を心がけるようになりました。

自分のコミュニティを始めようと思ってお知らせをしたら、「その金額は高すぎます」と言われて、コミュニティのスタートを中止しました。

このように批判されて落ち込んだり、やろうと思ったことをやめたことが私にもありますが、でも今は批判が気になりません。

本が売れていない時期は好意的なコメントばかりでしたが、10万部を超えた本にはアンチコメントがたくさんつきました。それだけ広がったということです。そもそも多くの人に広がるように、単純化して書いているので、内容が薄いと言われるのは当然です。コミュニティも始めました。私に価値を感じてくれる人だけでいいと開き直れたからです。

批判をされたときに一番に考えほしいのは、あなたがどんな人と人生を過ごしていきたいのかということです。

私は次の質問を自問自答しました。

「批判する人に、お客さんになってほしいのか？」

「批判する人と、友人関係を築きたいのか？」

その結果、

「批判する人はお客さんにしたくないし、友達にもなってほしくない。私は自分を好きになってくれる人だけ、自分を応援してくれる人だけに囲まれる人生でいたい」

そんな結論にいたりました。

そもそも、批判する人のためにやるべきことをやめて、別なことをするということは、批判する人のために人生を使っているのと同じです。


人生は「時間」で成り立っています。男性の平均寿命81歳は、計算してみると約3万日、約70万時間です。平均労働時間は年間2千時間なので、20歳から65歳まで働くとしたら、9万時間。今43歳の人なら、折り返しで残りは4万5千時間。

あなたの残り時間をぜひ、電卓を叩いて調べてみてください。その残りの時間をどんなふうに使いますか？　自分を嫌いで批判する人に捧げるほど、時間が有り余っている人は一人もいません。

あなたも自分を応援してくれる人だけのために、時間を費やしてください。

あなたが何かやろうとしたときに、エネルギーの低い人は批判したり否定して、エネルギーの高い人は応援してくれます。

気軽に話しかけたら、不快そうな反応する人たちに、あなたの人生を使わないでください。あなたの話に興味を持たない人のために、人生を使わないでください。

エネルギーが高くて応援してくれる人、あなたを好きな人だけが周りにいる人生を、あなたは選ぶことができます。

49 あなたは好きな人だけに囲まれる人生を選択してください！

50

うまく雑談できる人は開き直り、できない人は不安を手放せない。

雑談をしていると、将来のお金の不安を訴える人がとても多いです。その流れでこんなことをよく聞かれます。

「松橋さんは淡々としていますよね？　その感じはどうしてなんですか？」

うーん、なんでだろう？

「子曰く、三十にして自立する。四十にして惑わず。五十にして天命を知る。六十にして人の言葉を素直に傾けるようになる」

論語には、このような言葉があります。しかし私は、まだまだ惑ってばかりですし、天命を１００％生きているとは思えないし、人の言葉を素直に聞けないこともほとんどです。

ただ、将来の不安に対しては、昔の私が100%だったとしたら、今の私は10%くらいかなと思います。

ですが、起こり得るべき悲惨な出来事を考え尽くして開き直れたことが、私の人生の転機になったように思います。

多く聞かされるのが健康とお金の不安です。

病気になってしまったら稼げなくなる。

お金がなかったらどうする？

倒産と破産をしてしまったらどうなる？

これらの未来の不安を、シミュレーションしてみましょう。

①医療費

「病気になってしまい、その医療費が払えなかったらどうなるの？」と検索してみました。すると、無料で診療してくれたり、高額な医療費は補助してくれたり、支払えない人向けの補助はいろいろあるようです。

日本は「病気になって、払えるお金がなかったら死ぬしかない」という国ではないということを、検索で確認しておくといいです。

②倒産と破産をしてしまったらどうなる？　お金がなくなったらどうなる？

倒産や破産してしまったら、今の資産はすべて差し押さえです。今の私は、お気に入りのギターを失うのだけは残念ですが、無一文になってもどうにかなると思います。「お金がなくなったら誘われても遊びに行けないし、友達に蔑まれる。それは絶対嫌だ」という人がいましたが、蔑む人を友だちにしておく必要はありません。

③住むところがなくなったらどうする？

私は半年間、家がない状態でホテル住まいをしたことがあります。その体験で「パソコンとギターさえあれば生きていける」と思えるようになりました。いろいろなものを失うことを怖れている人は、一度だけでも定住をやめてみるといいと思います。

④仕事ができなくなったらどうなる？

子どもが４人いる友人の医者が言っていました。

「将来働けない歳になったら生活保護の世話になるよ」

「えっ！　そんな心配しなくても充分な蓄えができるでしょう？　子どもも４人いるし」

「人生を楽しむためにお金はぜんぶ使っていくし、子どもの世話にはなりたくない。たくさんの税金を払ってきたのだから、生活保護くらい受けさせてもらうよ」

これくらいの開き直りができたら、一生怖いものなしでしょう。

また、過去に体験したつらいこと、悲惨なことは、すべて語れる雑談ネタになってきました。これからも起きることすべては、ネタとして活用していけるでしょう。

怖れるものは何もないのです。

50
すべては未来の雑談のネタになります！
怖れるものは何もありません！

おわりに

初対面の人とすぐに仲良くなる友人がいました。彼を見ていると神業の遣い手にしか思えませんでした。初対面からどんどん話しかけていく、物怖じしない性格や、誰とでも仲良く話せるコミュニケーション力に、いつも驚いていました。

ですが、心理学を学んでスキルを勉強していくと、神業にしか見えなかった技が少しずつ理解できるようになりました。

それまでは「自分はそういうのが苦手な性格だし、そういうタイプじゃないから」といって、性格やタイプのせいにしていましたし、ひょっとしたら、あなたも性格的なものだと思っていたかもしれません。

でも、雑談が苦手なのは、雑談を学んだこともないからです。学んでないから苦手なのも当然です。

雑談がうまい人の話を聞くと、商売をやっていた家に生まれたとか、上の兄弟にもまれてうまくなったなど、環境による要因が大きいです。逆に雑談が苦手な人も、親が神経質でうかつなことをいうと怒られたり、家族がいつもピリピリしていて緊張状態にいるような環境の人が多いです。つまり、雑談が苦手なのは決して性格的なものではありません。

ですから、しっかりとスキルを学ぶことと、恥をさらすことにチャレンジしていくことで、自然に雑談も楽しめるようになります。

オンラインでのやり取りが多くなった今、雑談の重要性はますます高まっています。雑談の時間が、絆の強さと比例します。ビジネスはもちろん、夫婦関係でも同じです。会話が少ないと悩む人が多いですが、この本で学んだ雑談のスキルを使って、どんどん話しかけてみてください。ずいぶんと関係も変わっていくでしょう。

この本があなたの豊かな人間関係につながることを、心から願っています。

2024年6月　松橋良紀

読者限定プレゼント

「雑談の達人への道」

～ 雑談の空気をコントロールする技術 ～

＼あなたの雑談レベルがすぐにわかるチェックシート／

雑談力チェックリストプレゼント

さらに

以下の5つの**特典動画**を、**読者限定プレゼント**として
無料でお届けします！
いますぐ、以下の特典登録ページから手続きしてください！

特典1　雑談の達人になるための3つの方法

特典2　年齢差がある人との雑談術

特典3　年収を3倍に増やす雑談営業術

特典4　パートナーシップを豊かにする雑談術

特典5　異性を惹きつける雑談術

動画データでのお届けです。

ダウンロードはこちらから

https://kikikata.jp/zatsudan5

本特典は、著者松橋良紀からの提供となります。お問い合わせは明日香出版ではなく、松橋良紀へお寄せください。

著者
松橋良紀（まつはし・よしのり）
一般社団法人日本聴き方協会代表理事
本作が 31 冊目のコミュニケーション心理本の著者。
30 年以上にわたり、話し方や聴き方のスキルを研究し続けてきた心理学の専門家。

『聞き方の一流、二流、三流』

『すごい雑談力』

『話さなくても相手がどんどんしゃべりだす 「聞くだけ」会話術 ――気まずい沈黙も味方につける６つのレッスン』

など、書籍を多数執筆。

聞き方スキル、雑談スキル、心理スキルをテーマとした研修やセミナーで活躍中。

・一般社団法人日本聴き方協会サイト
https://kikikata.jp/
・コミュニケーション総合研究所
https://commu.life/

うまく「雑談できる人」と「できない人」の習慣

2024 年 7 月 17 日 初版発行
2024 年 11 月 20 日 第 17 刷発行

著者　松橋良紀
発行者　石野栄一
発行　明日香出版社
〒 112-0005 東京都文京区水道 2-11-5
電話 03-5395-7650
https://www.asuka-g.co.jp
デザイン　菊池祐
組版・校正　株式会社 RUHIA
印刷・製本　中央精版印刷株式会社

ISBN 978-4-7569-2341-7

本書の著者が書きました

聞き方の
一流、二流、三流
松橋良紀・著

1600円（＋税）
2022年発行
ISBN978-4-7569-2246-5

NLP心理学に基づく
相手の心を開く「聞き方」！

「話すことに苦手意識がある」「場を盛り上げるうまい返しができない」「話を聞くだけで終わってしまい売上に繋がらない」と悩んでいる人に向けて、ノウハウを１冊にまとめました。三流の聞き方、二流の聞き方、一流の聞き方の３つを比較しながら、とっておきの聞き方を教えます。